曹洞宗徳雄山建功寺 住職
枡野俊明
Shunmyo Masuno

人生でいちばん大切なこと

死ぬとき後悔しないために

廣済堂出版

はじめに

「あなたにとって、今いちばん大切なものは何ですか」
「あなたの人生の中で、いちばん大切にしていることは何ですか」

もしもこのように問いかけられたとき、あなたならどう答えるでしょうか。
「自分にとって大切なものは家族に決まっている」「今は家族のことよりも、仕事がいちばん」「とにかく人生でいちばん大切で必要なのはお金」「いや、自分の夢こそが人生でもっとも大切にすべきもの」……。

そこには千差万別の答えがあると思います。

そしてこの問いかけには、正解や答えなどはありません。

自分の人生で何をいちばんにするか。それを決めるのは自分自身の心であって、他人からとやかく言われることではないからです。

大切なことは、自分が導き出した答えとしっかりと向き合って、責任と自信をもって歩むことだと私は考えています。

ただし、一つだけ知っておかなくてはいけないことがあります。

それは、今あなたが考えている「いちばん大切なこと」は、ずっとそこに留まっていることはないということです。


私たちの人生は、常にうつろっているものです。まさにそれは「無常」というもの。「この世に常なるものなどない」ということです。

私たちは一日一日、年を重ねていきます。それとともに、心もうつろっていきます。置かれている環境もまた、変化をしていきます。

自分自身ではその変化に気がつかなくとも、確実に人生は移り変わっている。それが人間の歩んでいる道です。ですから、人生の中で「大切なもの」もうつろっていくのは、ごく自然なことです。

そしてほとんどの人は、自身の変化とともに「いちばん」も変化していくものです。

たとえば一〇歳にも満たない子どもの「いちばん」は、ひたすら「自分」のことです。自分の喜びや満足を叶えるために大いに考え、それが成長にもつながります。それが二〇歳代になると、恋愛になってくるかもしれません。将来をともに歩んでいく伴侶を探すこと。それは人生においてとても大切なことでしょう。

そして三〇歳代になって子どもが生まれれば、何を置いても子育てが「いちばん」になります。自分の夢や仕事の順番を少し下げてでも、我が子のために尽くしてやりたいと思うものです。

そして四〇歳代、五〇歳代になってくれば、再び自身の心と向き合う時間がやってきます。

かつての「いちばん」に、もう一度目を向けるときがやってくるということです。

このように私たちの人生は、ときの中で常にうつろっています。永遠に今の「いちばん」が続くことはありません。

もし、ずっと一つだけの「いちばん」を追い求めていると、やがてそれは執着となり、本当に大切なものを見失い、心を追い詰めることにもなります。大切なものもまたうつろっていく。そのことを心に留めておくことです。何ものにも執着しない。一つのことだけにとらわれない。それが禅の基本的な考え方です。

ときにこの考え方は曖昧にも聞こえるでしょう。信念が薄いようにも思えるかもしれません。しかしそうではありません。

なぜならば、私たち人間の心は常に揺らいでいるからです。まったく揺らがない心をもっている人などこの世にはいないのです。

そしてその揺らぎは、車のハンドルにある〝遊び〟と同じように、私たちが生きていくためには欠かすことのできないものです。

そんな揺らぎに逆らうことなく、心を委ねてしまうことも、ときには必要なのです。

「今のいちばん」としっかりと向き合いながらも、けっしてそれだけに執着しないこと。そんな心が、人生を生きやすくしてくれるのだと私は思っています。


現代社会を眺めたとき、「自分にとって大切なこと」が見えにくい世の中であると私は思うのです。その大きな要因は大量に流れてくる情報にあるのだと思います。

たとえば一昔前までの日本は、小さな村単位で人々は暮らしていました。いわゆる閉ざされた社会です。村人たちは同じように畑を耕し、同じものを食べ、同じような価値観をもって生きていました。つまり、「いちばん大切なもの」をみんなで共有していました。

まずは生活のために田畑を守ること。毎日一生懸命に畑仕事をすること。ある年齢に達したら誰もが結婚をして所帯をもつ。子どもを産み育て、次の世代へとバトンタッチをしていく。

淡々とした人生ではありますが、その人生の中にはたしかな「大切なもの」がありました。善し悪しは別として、人生に迷うことはありませんでした。目の前にある「大切なこと」にだけ目を向けていれば、それでよかったのです。

ところが、現代社会はそれを許してはくれません。日々に流れてくる大量の情報と自分を比べ、ついその情報に目を奪われてしまいます。そして私たちはついたじろいでしまうことになるのです。

「自分にとって、今大切にしていることは子育てだ」と信じる自分がいる一方で、仕事を優先させるべきではないかと心が揺れる自分もいる。他人の価値観に引きずられ、他人と比較ばかりをしてしまうのです。

それは自分にとっては不要な情報を安易に取り入れて、それに惑わされながら生きている、ということになります。そこに本当の幸せはあるのでしょうか。

そこに自分の人生だと呼べるものがあるのでしょうか。

誰かが喧伝《けんでん》している「いちばん」は、あくまでもその人の「いちばん」です。

それは他人のものであって、あなたの「いちばん」ではありません。

自分にとって、「これこそが、いちばん大切なこと」だと思うものがあれば、けっして迷わないことです。

それぞれの人生にとって大切なものは、押しつけるものでも、比べるものでもありません。誰かの言葉に左右される必要もありません。「いちばん大切なこと」は、人それぞれみんな違うのですから。


何よりも、今あなたがいちばん大切にしていることに心を尽くすことです。迷うことなく、疑問を抱くことなく、その「いちばん」を信じて生きることです。

そしてその「いちばん」は、年を重ねるとともに二番になったり三番になったりすることもあるでしょう。それは当たり前のことです。

人生には後悔がつきものです。大きな後悔から些細《ささい》な後悔まで、後悔のまったくない人生などあり得ないと私は思っています。

しかし、その中でも、できる限り大きな後悔は残したくない。そのためにも自分がそのとき信じている「いちばん」と、真正面から向き合うことが必要なのです。

他人の価値観に惑わされて、他人と比べてばかりいる。自分の「いちばん」が他人や周りの影響によってうつろっていく。そんな人生にこそ、大きな後悔が生まれるのだと思います。

本書は、人生においていちばん大切なものは何かを提示するものではありません。大切なものを見つける方法を記したものでもありません。

今のあなたにとって、いちばん大切なことは何か。今のあなたは、何を大切にしなければならないのか。そしてあなたは日々、いたずらに心を惑わされてはいませんか？　そういうことを自身に問いかけるきっかけになればと思っています。

そして、「いちばん大切なこと」を見極めるためには、どのような心がけで生きてゆけばいいのか。どのように物ごとを捉えて、どのような生活を心がければよいのか。そのヒントとなるような事柄を、禅の心から考えてみました。

少し立ち止まって、自身の心と向き合ってみる。歩むべき人生の道のりを今一度たしかめてみる。本書がそんなきっかけになることを願っています。

合　掌

平成二十八年七月吉日

建功寺方丈にて　枡野俊明

人生でいちばん大切なこと 死ぬとき後悔しないために――目次

第2章　人との縁が豊かさをもたらす

第3章 お金や仕事で大切なものを見失わないために

第4章 自分の気持ちに誠実に

第5章 生きるとは、可能性にあふれていること

第1章

日常にあふれている大切な気づき

四季の喜びを感じていますか？

自然に計らいごとはありません。
自然に目を向けることは、
自分の心に素直になることです。

第１章

日常にあふれている大切な気づき

「春夏秋冬、変わりゆく季節を体中で感じてください。心で季節を感じてみてください」

心が疲れていたり、ストレスを抱えていらっしゃる人たちに向かって、私はいつもそう言います。

私の言葉を聞いた人たちは、一様にぽかんとした表情を浮かべます。どうして季節の移り変わりを感じることが大事なのでしょう。そんなことで、心の疲れは消えるものだろうかと、疑問を抱くのです。そこで私は言葉を足します。

「自然はいろんなことを教えてくれますよ。生きていくうえで大切なことや、人間の力ではどうしようもできないことがあることを教えてくれます。そんな自然の言葉に耳を傾けてみてはどうでしょうか」

まるで禅問答のような言葉ですが、多くの人たちはこの言葉から何かをくみ取ってくれます。そして自らの生活を振り返り、大切な忘れ物があることに気づくような気がするのです。

日々の暮らしは慌ただしく過ぎていきます。仕事や家事に追われ、桜や紅葉の季節でもなければ、毎日の季節を感じるどころではありません。都会で生活をしている人なら、一年中、管理された温度の中で生活しているという人もいるでしょう。

目的地に行くことだけに心を奪われ、道端に咲いている一輪の花さえ見ようとしません。いえ見えないのです。冬の終わりには、冷たい中にも春の訪れを感じさせる風が頬を撫《な》でます。しかし、その風にさえも気がつきません。

私たちは大自然に抱かれて生きています。

私たちを守ってくれているのは、コンクリートで作られた社屋でもなければ、真新しい我が家でもありません。

降り注ぐ太陽の日差しや、海や川、木々や土に守られて生きているのです。そんな自然をまったく意識しなくなることで、人間として大切なものを見失っていると、私は日頃から感じているのです。

自然には計らいごとがありません。

第１章

日常にあふれている大切な気づき

春になれば花が咲き、秋になれば木々の葉は枯れていきます。冬になれば雪が山を覆って、やがては雪解け水となって流れていく。こうして延々と続いてきた自然の営みは、何の計らいごともない世界です。

自然はあなたを試そうと仕組んでくる相手でもなければ、あなたが何か取り繕わなければならない相手でもありません。自然に目を向けることはすなわち、自身の心に素直になることだと思うのです。

心が疲れたとき、人生で大切なことが見えにくくなったときは、あなたがいる場所から少し目を逸《そ》らしてみることです。そして何も考えることをせずに、ただ季節を感じてみること。頬に触れる風を感じてみること。川の水の冷たさを感じてみることです。

計らいごとのない自然に触れたとき、私たちは、今こうして生かされていることに気がつくのです。そして、それがどれほど有り難いことであるかと、思いが運ばれていくのです。

その一瞬の自然への思いが、きっと心を癒してくれると私は思っています。

規則正しい生活をしていますか?

規則正しい生活は、
無駄のない生活です。
決まった生活の中には、
不要なことは入り込めないのです。

第１章

日常にあふれている大切な気づき

私たち僧侶の生活は、基本的には一年中あまり変わることはありません。私の場合は、朝は四時半に起きて、諸堂の戸や門を開け、簡単に境内の掃き掃除をしたあとに、朝のおつとめをします。

住職となった今では、そのほかにも仕事が山積していますが、雲水《うんすい》と言われる修行僧時代には、それこそ三六五日、同じことの繰り返しでした。通常は、朝の四時から就寝する九時まで、ずっと修行が行われるわけです。

そうした規則正しい生活をしていると、不思議なことに余計な欲望や迷いが湧いてくることはほとんどなくなります。ときには「お腹いっぱい食べたいな」と思うことはありましたが、それ以外の欲望が湧いてくることはまずありませんでした。きっと消え失せてしまうのでしょう。

それはどうしてでしょうか。

規則正しい生活の中には、大切なこと以外のものが入り込む隙間《すきま》がなくなるからです。

雲水時代にいちばん大切なこととは、言うまでもなく修行です。修行だけに心を集中させます。それ以外のことはいっさい考えない、いや考えられなくなると言ったほうが正しいかもしれません。

「今日は面倒だからおつとめをしなくてもいいや」と心が思った瞬間に、いらぬ欲望や迷いが生じます。その瞬間に、遊びたいとか、サボりたいという心が生まれてくることになるのです。

そして果てには、こんな修行をしていったい何の意味があるのだろうかと思うようになるのです。

これが、大切なことを見失った瞬間です。

規則正しい生活には、自分自身の歩むべき道がくっきりと見えるものです。今自分がなすべきことは何か。いちばん大切にしなくてはいけないことは何なのか。その人生の道標がはっきりと浮き上がってくるのです。

反対に不規則で乱れた生活をしていれば、余計な欲望が次々と生まれてきます。そして満たされることのない欲望を前にして、常に不満足な心を抱えることになるでしょう。

満たされない心は、やがては不安感へとつながっていきます。人生に対する漠然とした不安感です。それを抱えながら生きるのは、とてもしんどいことです。

もしも今、あなたの心に迷いがあったり、大切なものが見えにくくなっているのであれば、とにかく規則正しい生活を心がけることです。今やるべきことにだけ目を向けて、それ以外のことは考えないようにすることです。

心を集中させて、日々の生活を粛々《しゅくしゅく》と送っていくこと。「こんな生活をしていていいのだろうか」などといっさい思うことなく、「今はこれでいいんだ」と信じて生きることです。

その道のりの先に、きっと大切なものが見つかるはずです。

物を捨てられますか？

本当に必要な物は、
捨てることで見えてきます。
そして、捨てることで
心が楽になります。

道元禅師の『正法眼蔵《しょうぼうげんぞう》』の中に、次のような言葉があります。

「放てば手にみてり」

これはわかりやすく言うと「物も思いも手放せば、心は楽になる」ということです。

さて、心のほうは少し置いて、物についてみてみましょう。現代日本は、まさに物であふれています。物質的にはとても恵まれた時代だと言えるでしょう。

そして現代社会に生きる多くの人々は、その恵まれた時代に乗っかって、次から次へと物を手に入れようとしています。

あなたの部屋を眺めてみてください。クローゼットを開けて、そこに押し込められた物たちを眺めてみましょう。

そこには大量の不要な物たちが喘《あえ》いでいませんか。その喘ぎは、あなたの心そのものです。部屋の乱れは、心の乱れそのものと言えるでしょう。

不要な物を抱えることは、すなわち本当に必要で大切な物が見えなくなってしまうことにつながります。

大切な物が見えなくなるということは、すなわち生き方そのものが見えなくなってくる、ということです。

物と心はまったく別だと思われるかもしれませんが、そうではありません。人間の心は、必ず周りの物によって影響を受けるものなのです。

あなたが抱えている大量の物を、まずは仕分けしてみましょう。それらすべてを、三つに分けてノートに書き出してみてください。

一番目は、「絶対に必要な物」、生活や仕事においてなくてはならない物です。二番目は、「なくても困らないが、あったほうがいい」という物です。たとえばハンドバッグにしても、一五個も二〇個もいるはずはないでしょう。コートを一〇着も寝かせておいても、おそらく着ることはないでしょう。

そして三番目が「明らかにいらない物」です。

こうしてすべての物を書き出してみると、おそらく一〇〇のうち、一番目に書かれているのは一割くらいでしょう。二番目に書かれた物が七割で、残りの二割が三番目に記された物です。多少の誤差はあるでしょうが、ほとんどはこれくらいの割合だと思います。

そして、一番目の物だけを残して、残りのすべてを手放してみるのです。とても勇気のいることかもしれません。なかなか決心がつかないかもしれないでしょう。それでも、思い切って捨てることです。そうすることで雑音であふれている生活を見直すことができるのです。

すっきりと片づいた部屋。空きスペースができて見やすくなったクローゼット。そんな部屋に身を置いていれば、自然と心が楽になってきます。

そして楽になった心で眺めたとき、本当に必要で大切な物たちが顔を出してくるのです。

体の声に耳を傾けていますか?

健康を保つことは、
数値にこだわることではなく、
体が発する声を、
おろそかにしないということです。

本堂で心静かにお経をあげる毎朝のおつとめ。このお経をあげるときの最初の声に、私は耳を傾けるようにしています。

お経をあげるときの第一声が、はっきりと出るか。あるいは何となくくぐもったような声だったか。その第一声を聞けば、その日の自分の体調を私は感じることができます。

一日のスタートを切る際に、私はいつも自分の声に耳を傾けているのです。大きくはっきりとした声が出る日は、今日はとても体調がいいなと思う。反対に何となく声に力のないときには、体調が万全ではないから、気をつけながら一日を過ごそう、そのように自ら用心をしています。

私自身が感じているこの声の違いは、きっとほかの僧侶にはわからないでしょう。周りが聞けば、常に同じ声でお経をあげているように聞こえると思います。自分自身の声の変化に気づくことができるのは、自分しかいないのです。

健康を気にしない人はいません。誰もが自分の健康について不安感をもったり、気にしたりしていることでしょう。

今は健康状態がすぐさま数値化される時代ですから、つい検査の数字ばかり気にする人が多いと思います。

血圧が高くなってきた。コレステロール値が高くなってきた。血液検査の結果が思わしくなかった……。そんなことばかりにとらわれて、毎日たくさんの薬を飲んでいる人も多いと聞きます。

もちろん医師が示すデータに誤りはないでしょうし、さまざまな数値を読み解くことも大切なことでしょう。

しかし、それ以上に大切なことは、やはり自分の体調は自分にしかわからないということです。いくら数値が健康体を示していたとしても、何となく体が怠《だる》いのであれば、それは健康とは言えません。反対に数値が多少よくなくても、日々に不調を感じることがなければ、用心さえしていれば、それほど神経質になることもないのではないでしょうか。

いちばん大切なことは、自分自身の体が発する声を聞くことです。これ以上無理をしたら体調を崩してしまうぞ。体はそれを教えてくれます。

その体が発する声をないがしろにしていれば、やがては体調を壊すことになります。そんな小さな不調は、おそらく数字に表れるほどでもなく、医師が見つけることは難しいことでしょう。

私が毎朝自分の第一声に耳を傾けるように、自分の体調を計る基準を生活の中にもっておくことをお勧めします。

毎朝の通勤で、駅に着いたときの疲れ具合でもいいでしょう。起き抜けに飲むお茶やコーヒーの味でもいいと思います。

自分にしかわからない小さな体の変化。体が教えてくれる変化。それに目を向ける習慣をつけることは大事なのです。

美しい振る舞いを心がけていますか？

私たちは、体と心でできていますが、
まず体を優先しましょう。
体が整って初めて、
心を整えることができるのです。

日本を代表するサッカー選手、長谷部誠氏が『心を整える』（幻冬舎）という本を書いて話題となりましたが、「心を整える」という言葉に惹かれる人も多いのではないでしょうか。

とにかく忙しく動いている社会です。心静かに暮らそうとしても、それを邪魔する要素が生活の中にはあふれています。膨張した人間関係や仕事に追われて、一時も心を穏やかに保つことができないという状況。そんな社会の中で、何とかして心を整えて生きたいと願うのは当然のことでしょう。

あれこれと心が振り回されていては、自分にとって何が大切なのかはわからなくなってしまいます。揺れ続ける心の中には、大切なものが入り込む余地はないのです。

さて、ではどうすれば心を整えることができるのでしょうか。

私たちは、心と体でできています。当たり前のことです。心と体がバラバラの状態であれば、穏やかな気持ちにはなれません。それらは互いに共鳴し合っていることを忘れてはいけないのです。

そして、心よりも体が優先することを知る必要があります。

つまり、体が整って初めて心も整えることができるということなのです。

「立ち居振る舞い」という言葉がありますが、この立ち居振る舞いを大切にすることです。心を整えるには、まずはそのことが何よりも重要です。

適当な振る舞いをして、自堕落な生活をしながら心を整えることはけっしてできません。

考えてみれば、禅の修行はまさにそれを実践しています。

禅の修行というと、難しい問答をしたり、あるいは人生について深い思索をしたりということをイメージするでしょうが、実はそれらは二の次です。

修行の中でもっとも重要なこととは、「行住坐臥《ぎょうじゅうざが》」といって、すべてを整えることです。それは、歩くこと、生活すること、坐禅をすること、そして寝ること。それらの生活すべてを、修行と捉えます。ですからまず、自らの立ち居振る舞いをきちんとすることから始まります。

掃き掃除をするときには、まっすぐな姿勢で立つ。歩くときは背筋を伸ばして歩く。食事も正しい姿勢で、決められた作法でとります。とにかく日常生活のすべてにおいて、美しい姿を心がけること。それこそが修行の基本となるのです。

そしてこのような生活の中から、自らの心も自然と美しいものになり、そして心が整っていくことになるのです。

怒りや不安、嫉妬や動揺……。日々に襲ってくる負の感情を取り除き、何とかして心を整えたいと願う。振り回されない自分でいたいと願う。そう願うのであれば、まずは自身の立ち居振る舞いを見直し、美しくすることです。

「形直《なお》ければ影端《ただ》し」という禅語があります。体の姿勢が正しければ、その影もまた端正なものになる。まっすぐな心は、まっすぐな姿勢からこそ生まれるという教えです。

物との縁を大切にしていますか？

身の周りにある物は、
縁があってそこにあります。
物を粗末にする人は、
自分や他人の心をも、
粗末にする人です。

あなたが今着ているその洋服は、あなたとのご縁があって、あなたの元にやってきたものです。

お店でその洋服を買ったときのことを思い出してください。お店の中で目にとまった一着の洋服。お店の棚には同じ洋服がたくさんありますが、あなたが買ってきたその洋服は、世界中でただその一着しかありません。その一着の洋服は、ご縁があってあなたの体を包んでいるのです。

しかし、私たちは自分が買った物に縁が宿っていると、いちいち考えることはないでしょう。

でももし、その縁に目を向けたとき、きっとあなたはその物に対する見方や感じ方が変わり、愛着が生まれるのではないでしょうか。

愛着が生まれれば、それを大切にしようという気持ちが生まれてくるはずです。次々に新しい服を買うのではなく、その一着をできるだけ長く着ようとする思いが生まれてくることでしょう。ほつれたらすぐに捨てるのではなく、修復してまた着ようと思うでしょう。そんな心持ちこそが、人生を豊かにしてくれると私は思っています。

私たち僧侶は、物をとても大事にします。毎日着ている作務衣《さむえ》は、たびたびほつれたり破れたりしますが、そのたびに自分の手で縫い直して、長年着ています。修行の中で受け継がれた習慣なのです。

もちろん昔は、もったいないという発想があったのでしょう。物がない時代で買い替えるお金もありませんから、何度となく修理をして使うことは当たり前のことでした。

しかし今はそうではありません。たとえば作務衣にしても、それほど高額なものではありません。新しいものに買い替えようと思えば、簡単に買うことはできます。手間と時間をかけて繕うのであれば、いっそ買い替えたほうが安上がりだとも言えます。

それでも私たちはそんなにすぐは買い替えることはしません。

なぜなら、縁があってきてくれた物を大切にすることが、どれほど私たちの心を豊かにしてくれるかを知っているからです。

安易に買い替えたりすることが、どれほど貧しい心であるかに気がついているからです。

物を修理することと、心を修復することは、実はとてもよく似ていると私は感じています。ほころびた作務衣を縫いながら、同時に心のほころびも修復している。そんな心持ちになってくるのです。

さらに言えば、物を粗末にする人というのは、自分や他人の心までも粗末にしてしまう人です。人に愛着を持つことをせず、人との縁に感謝することもしない人になる気がするのです。

そして、一度粗末に扱った心は、そう簡単に修復することはできないのです。

ぐっすりと眠っていますか？

夜になって、
不安が押し寄せてくるとき、
とにかく、ぐっすりと眠ってみましょう。
不安は眠ることで、
減らすことができるのです。

人間というのは不思議なもので、夜の暗闇に包まれると、とたんに不安感が押し寄せてくるものです。昼間の明るい時間には「まあ、何とかなるさ」と思えていたことでも、夜になるとたちまち不安が増殖してきます。

生まれたばかりの赤ん坊は、夕方になると泣き始めることが多いといいます。とくにお腹が空いているわけでもなく、オシッコがしたくなったわけでもないのに、夜が近づくと泣き始める。

ある学者によれば、これは本能的に人間が暗闇を恐れているからだといいます。暗闇が近づいてくることへの不安感が、赤ん坊を泣かせているのです。

大人になってからも、それは同じです。

夜になり眠ろうとしても、次から次へと心配ごとや不安が押し寄せてくる。「もしもうまくいかなかったらどうしよう」「失敗してしまったらどうしよう」……と、来てもいない未来に対する不安感が頭をもたげてきます。

果ては「自分の人生はこのままでいいのだろうか」「自分の将来はどうなってしまうのだろうか」と、漠然とした不安に包まれてしまう。

すべてをマイナスの方向にしか考えられなくなってしまうのです。

そして体は疲れているはずなのに、あれこれ考えて頭が冴えて眠ることができない。そんな経験は誰にでもあるのではないでしょうか。

それはつらいことであると同時に、まったく無意味な思考でもあります。


そのような状況から逃れるためにも、心を切り替える習慣をつけることです。眠るときにあれこれ考えたところで、物ごとは何も解決するはずもありません。考えて何とかなるものであれば考えればいいでしょう。しかし布団の中では何もすることはできません。そうであるならば、いっそ「明日は明日の風が吹くさ」と割り切ってしまうことです。

たとえば夜に一〇の心配ごとが現れたとしましょう。もう頭の中は一〇の心配ごとでいっぱいになっています。

ところが翌日の朝を迎えたときには、一〇あった心配ごとが六くらいになっているものです。

それは何も眠っている間に心配ごとが解決されたわけではありません。しかし、朝には四つもの心配ごとが消え去っている。

それは要するに、消え去った四つの心配ごとは、もともとなかったということなのです。

初めから存在していない心配や不安を、あたかも重大なことのように考えてしまう。そのせいで、本当に考えるべきことが見えにくくなってしまうのです。

夜の暗闇とは、それほどまでに私たちの心に苦悩を生み出しているのです。

「明日のことは明日の朝になってから考えよう」。そう心に言い聞かせて床につくことです。

一日の中で、気持ちを切り替える習慣を身につけることです。

「永遠に続く心配ごとなどない」

これこそが真理なのですから。

ぼーっとする時間がありますか？

自然の中で、ただぼーっとしてみる。
浮かんでくる思いにとらわれることなく、
ただただ受け流してみる。
それだけで心は軽くなります。

「非思慮」という禅語があります。一言で言えば「何も考えない」ということです。すべてのものを頭の中から追い出し、いっさいの考えごとをしない。これを「無の境地」とも言います。

かつてから僧侶たちは、この「無の境地」に辿り着くために修行を重ねてきました。

私にしても、坐禅を組みながら完全に無になっているわけではありません。どうしてもいろんなことが頭の中に浮かんできます。「今日は原稿の締め切りだな」「そろそろお彼岸の支度をしなければいけないな」などと頭に浮かんでくることがあります。

それは仕方のないことですが、頭に浮かんできたことに取り合わないことです。そうすれば次第に雑念は消え去ってゆき静かな心が戻ってきます。

みなさんは修行をしているわけではありませんから、無の境地を目指す必要はないでしょう。またそれは非常に難しいことです。

しかし、浮かんできた思いを受け流すという時間は、とても大切です。たとえば休日には自然の中に身を置いて、ぼーっとする時間を過ごしてみてください。海を眺めながら、鳥のさえずりを聞きながら、何も考えない時間をもってみてください。

静かにぼーっとしていながらも、頭の中には次々といろんなことが浮かんでくるでしょう。上司から叱られた場面が思い出されることもあるでしょう。友人と喧嘩したことが浮かんでくることもあるでしょう。自分にとっての嫌な経験が浮かんでくる。それは仕方のないことです。

しかし、その思いにとらわれることなく、さらっと受け流してしまうことです。

忘れようとするのではなく、風に流される白雲のようにただただ流していく。そんな時間があなたの心を軽くしてくれるのです。

ぼーっとしていると、何もマイナスのことばかりが浮かんでくるわけではありません。思わずにっこりとするような場面も浮かんでくるでしょう。一人で公園のベンチに座りながらも、我が子の笑顔が浮かんでくる。友人との楽しい時間が浮かんでくることもあるでしょう。そんな微笑《ほほえ》ましい場面が浮かんでくれば、それだけをそっと心の手ですくってみることです。

嫌な思いはさらっと受け流し、嬉しい思いが浮かんでくればさっとすくい取ってみる。ぼーっとする時間とは、きっとそういう時間のことだと思います。

そんな時間が一日の中で一〇分でもあれば、心はずいぶんと軽くなるものです。

食べ過ぎていませんか？

食べ過ぎは、体をいじめていることにほかなりません。
欲望のままに食べる生活は、心身にとって幸せとはいえません。

私たち人間にとって、食事は必要不可欠なものです。必要なだけではなく、それは大きな幸福感でもあります。美味しいものをお腹いっぱいに食べられる幸せ。その幸せは何物にも代えがたいかもしれません。

しかし現代の日本は、その食の幸せに惑わされているような気がします。

平日のランチタイムでは、あちこちで「バイキング」や「食べ放題」に多くの女性が集まってきます。美味しそうな料理を目の前にして、つい食べ過ぎてしまう人も多いでしょう。

「もうこれ以上は必要がない」と体は訴えていても、頭が「もったいない」「これも美味しそう」と主張する。挙句《あげく》にベルトが締まらないくらいに食べ過ぎてしまう……。食べ過ぎると、体が太るのは当然のことです。

太り過ぎた自分の体を眺めて、今度は過度なダイエットに走る。食べ過ぎては太り、太ってはダイエットをする。

どうしてそんなに自分の体をいじめるのでしょうか。どうしてそんな不健康なことを繰り返しているのでしょうか。

私たち僧侶は修行中、基本的には肉と魚は食べません。もちろんいったん社会に出れば、生きている限り、いっさいの肉と魚を食べないのは無理なことです。私も家族と一緒に食事をするときには同じものを食べますし、会食に行けばお肉もいただきます。それでも基本的には野菜中心の食事を心がけています。そして常に腹七〜八分目くらいでお箸を置くようにしています。

ひと口いただくたびに、一度箸を置く習慣があるといいでしょう。食べ物に感謝し、深く味わうことができますし、そうすることで食事の時間は栄養を摂るだけではない、とても豊かな時間になります。

体にとって必要な量を食べ、大切な栄養だけを取り入れる。そのような生活を続けていると、まずは肌が透き通るように白くなってきます。体の動きはいつも軽やかで、風をひくこともありません。

何よりも頭が冴えて、働きもよくなっていきます。不思議なことに、負の感情が芽生えることも少なくなり、穏やかな心で暮らすことができるのです。

食べる量を減らして、野菜中心の食生活にする。それが脳や心にどのような影響を与えるかはわかりませんが、少なくとも私自身は、そのおかげで心身ともに健康でいられるのは間違いないようです。

人間にとって食事は大切なものであるからこそ、もっと真剣にそれと向き合う必要があると私は思います。

食べたいものを食べたいときに、食べたいだけ食べる。そんな生活が、果たして幸福だといえるのでしょうか。欲望にとらわれたその食生活が、果たして人間にとってよきものなのでしょうか。

かつて貧しかった日本には、食べ物がとても十分ではありませんでした。誰もがお腹を空かせていた時代は、幸せなことではありません。

しかし、今では、誰もが好きなだけ食べることができます。昔に比べれば、考えられないような幸福が今ではあります。しかし、その裏側には、食べ物の有り難さを忘れた飽食という不幸が潜んでいることも忘れてはいけないのです。

今を生きていますか?

過去を悔やみ、未来を追っていると、
「今」を生きることができません。
「今」をどう生きるか。
それが後悔のない人生を創ります。

過去・現在・未来という時間軸があります。仏教ではこれを「三世《さんぜ》」と呼んでいます。人間はこの「三世」を生きています。

自分が歩んできた過去があればこそ、現在がある。そして現在の延長線上に未来が待ち受けている。私たちはそのように理解していることでしょう。

しかし、禅の考え方の中にあるのは、ただ「現在」という時間だけです。

過去とは、もう過ぎてしまったもの。その過去に目を奪われ、執着してはいけないと考えるのです。過去の失敗などをいつまでも悔やんでいても仕方がありません。過ぎ去ったものは早く心の中から追い出してしまうことです。

そして未来とは、まだ来てもいない時間です。明日を信じて生きることは悪いことではありませんが、その明日が来るかどうかは実はわかりません。そんな不確定なものに心を遊ばせてばかりいると、大切なものを見失うことになりかねません。

「現在」という時間。もっと言うなら「今」というこの一瞬。それこそがもっとも大切にすべき時間であると禅は教えているのです。

自分にとって大切なものがわからないと言う人がいますが、自分がやるべきこと、自分にとっていちばん大切なことがはっきりと見えていないときは、人はつい過去を振り返ったり、未来に心を逃がそうとします。

「昔はもっと充実していたのに」「今はやりたいことがないけど、一年後には見つかっているだろう」というように……。

現在という時間の中で解決しようとするのではなく、曖昧な過去や未来に託してしまうのです。

「今」というこの瞬間に目を向けることです。

自分の人生で大切にすべきこと。自分にとっていちばん大事なもの。それらはすべて「今」という時間の中にこそ宿っているのです。そしてそれを見つけるためには、「今」を一生懸命に生きることしかないのです。

「明日やるべきこと」を考えるのではなく、まずは「今日やるべきこと」に心を尽くすことです。「昨日の失敗」に心を痛めるのではなく「今日の成功」にこそ心を向けることが大事なのです。

あなたが生きているのは、「今」というこの瞬間です。目を向けるべきは、「今」という時間なのです。その「今」から目を逸らしたり、「今」に手を抜いたりしていれば、自分にとって大切なものが見えるはずがありません。

一生懸命に生きた今日という一日。その一日の積み重ねが人生であることを意識することです。今の自分を愛《いと》おしみながら、一歩ずつ歩んでいくことです。私たちはいずれ旅立ちのときを迎えます。それは避けることのできない真実です。

人生を閉じるとき、心から生き切ったという満足感に包まれるかどうか。はたまたやり残したことを数えながら旅立っていくのか。それを決めるのはあなた自身であり、「今」という時間の過ごし方、そのことにかかっているのです。

第2章

人との縁が豊かさをもたらす

人と自分を比べていませんか？

自分を他人と比べて、羨《うらや》み妬《ねた》む人は、
他人の人生を
まねているということです。
自分の人生を
生きているとはいえません。

第2章
人との縁が豊かさをもたらす

社会で生きている限り、私たちはさまざまな人間関係から逃れることはできません。職場やご近所、友人や同僚との関係。実に多くの人間関係に囲まれながら生きています。

人と人との関わりは、とても素晴らしいものです。その関わりの中から生まれる温かさがあればこそ、私たちは優しくも強くもなれるのです。

ところが一方で、複雑な人間関係が心の負担となったりすることもあるでしょう。実際に現代人が抱えるストレスの多くは、この人間関係から生じているといわれています。

どうしてそんなストレスや悩みが生じてくるのか。その大きな原因は、「比較」の中から生まれてくると私は思っています。

人間は一人ひとり違うものです。他人は他人で、自分は自分。そんなことは頭ではわかっていても、つい私たちは誰かと比べようとしてしまいます。それは人間の性分のようなものかもしれません。

自分のほうが仕事ができるのに、あの人のほうが評価が高い。同じような仕事をしているにもかかわらず、あの人のほうが給料が高い。自分の家は２ＤＫなのに、隣のＡさんの家は３ＬＤＫもある。自分の子どもはサッカーチームの補欠なのに、Ｂさんの子どもはキャプテンをしている……。などなど挙げればきりがないくらいに、比べることはあるものです。

そうやって自分と他人を比べるとき、そこには優劣が生まれます。要するに、どちらが上で、どちらが下か。勝った負けたという思いが出てくるわけです。

自分のほうが上になればほくそ笑み、負ければ嫉妬心が芽生えてくる。嫉妬心だけに留まっていればまだいいのですが、やがてそれは攻撃的な心へとつながっていくこともあります。

そうなれば、もうそこには温かな人間関係など消えてなくなります。

一時、「勝ち組・負け組」という言葉が流行《はや》りました。何とも品性のない、嫌な言葉だと私はいつも思っています。

いったい人生に勝ち負けがあるのでしょうか。そんなものはあるはずもない。

お金があったり、なかったり。出世をしたり、しなかったり。まして子どもが補欠だったりキャプテンだったり……。それらはすべて表面的なことに過ぎません。そんなことと幸せは、まったく別であると気づくことです。

他人と比べてばかりいる人は、自分にとって何がいちばん大切なのかがわかっていないのだと思います。真に大切なことがわからない。であるからこそ、表面的なものから答えを見出そうとするのです。

他人を羨んだり妬んだりする人は、誰かの「大切なもの」をまねようとしているだけなのではないでしょうか。

自分の心に「いちばん」がないから、他人の「いちばん」をまねようとしているのではないでしょうか。

それはすなわち、他人の人生を生きることであって、自分の人生を歩んでいることにはならないでしょう。まずは誰かと比べることをやめることです。

人を決めつけてはいませんか?

色眼鏡で人を見ると、
縁を逃すことになります。
自分と合わない人は、
自然と疎遠になるのですから、
まず、向き合ってみることです。

人づき合いの中には、「合う・合わない」という感覚があります。何となくあの人とは合わない、あの人とは合うような気がする。何の根拠もなくそんなふうに思ったりするものです。

それは仕方のないことでもありますが、あまりそれに縛られないようにすることが大事なのです。

人間をタイプ分けする人がいます。「あの人はせっかちなタイプ」だとか「自分は短気なタイプ」だとかいうように、人をカテゴリーの中に入れようとする。実際にそのような書物もたくさん見かけます。

ゲーム感覚でそれを楽しむのはいいでしょうが、そんな実体のない「タイプ」を鵜呑《うの》みにしないことです。

たとえば「彼は神経質なタイプだから自分とは合わない」「彼女は大雑把な性格だから、自分と合うと思う」というように、初めから決めつけて、そのタイプを前提にしてつき合おうとしますが、そんなものは自分の中で作り上げたものに過ぎません。

ひとりの人間の中には神経質な面もあれば、大雑把な面もあるでしょう。そんな当たり前のことに気づくことなく、その人のことを決めつけてしまうのは、まったく無意味なことです。

初対面の人に会ったとき、つい「この人とは合うな」とか「この人は苦手だな」と感じてしまうことがありますが、どうしてそのような感覚が生まれてくるのでしょう。

それは過去の人間関係の経験から生まれてくると私は考えています。

たとえば過去に嫌な思いをさせられた人がいた。そして初対面の人が、何となくその人と同じような話し方をしている。その話し方を聞いて、過去の嫌な思い出がつい蘇ってきた。そこで「この人とは合わない」と決めつけて防護線を張ってしまうのです。

過去に嫌な思いをさせられた人と目の前にいるその人は、たまたま話し方が似ているだけで、まったくの別人です。にもかかわらず、ただ話し方が似ているというだけで、目の前の人をタイプ分けし、色眼鏡で見て決めつけるのは、相手にとって失礼なことですし、自分にとっても、せっかくの縁を逃すことになり、とてももったいないことです。

そんな色眼鏡は外して、真っ白な気持ちでまっすぐに目の前の人と向き合うことです。お互いに歩み合って、関係を温める努力をすることです。その努力をしたうえで、どうしても合わないのであれば、それは無理をしてつき合う必要はありません。

無理をして関係を保とうとすれば、そこにストレスが生まれてくるでしょう。それも無駄なことです。

合わない人とは必ず疎遠になるものです。向こうもあなたとは合わないと感じているのですから、自然に任せればいいです。

気持ちをきちんと言葉にしていますか?

自分の気持ちを
きちんと伝えることは、
相手との関係を深めることであり、
修復することです。
「愛語」をもって
語り合うことが大切です。

人間関係で大切なことは、人それぞれにあると思います。相手に対する思いやりや優しさ、共感する心、そしてときには競い合う気持ちなど、人間関係には、実にたくさんの大切な気持ちがあります。

ただし、そのすべてに共通しているものがあります。それは「言葉」であると私は思っています。

いくら相手を想う気持ちを持っていても、言葉なくしてそれは伝わりません。そんなことは百も承知だと思われるかもしれませんが、では実際にあなたは、言葉を大事にしているでしょうか。言葉で表現することを、おろそかにしていないでしょうか。

人間関係が深まれば、そこには少しずつ甘えが生まれてきます。たとえば長年連れ添った夫婦や、学生時代からの友だちに対しては、つい「言わなくてもわかるでしょう」と言葉にすることを省いてしまいがちです。

わざわざ言葉に出さなくても、自分の気持ちはわかってくれている。言葉がなくても、雰囲気で十分に理解し合っている、と思ってしまうことがありませんか。

いつも感謝をしているのに、その気持ちを相手に伝えることはあまりしていない、という人は多いのではないでしょうか。そんなことをしなくても、十分に感謝していることは、伝わっているだろうと。

これは大きな勘違いです。言葉なくして、感謝の気持ちは伝わりません。言葉にしなくても伝わっている、わかり合っているというのは思い込みであり、単なる幻想に過ぎません。

いつも感謝の気持ちがあるのであれば、それを言葉にして相手に伝えることです。「ありがとう」という素晴らしい言葉があるのですから、それを口にしないのはもったいないことです。どんな小さなことに対しても、「ありがとう」と感謝の気持ちを言葉にして伝えてみましょう。その積み重ねがあればこそ、互いの関係はさらに深まっていくのですから。

伝えるべき気持ちは、感謝の気持ちだけではありません。ときには互いの心がすれ違うこともあります。そのすれ違いを放っておいてはいけません。どこからそのすれ違いが生まれたのか、互いに言葉を紡ぎながら伝え合うことです。小さなすれ違いをそのままにしておくと、やがて心は離れていくものです。

はっきりと自分の気持ちを言葉にして伝えること。それこそが人間関係の基本ではないでしょうか。

そして伝えるべき言葉には、温かさがなければいけません。強くキツい言葉でやり取りをすれば、必ず争いごとに発展します。感情が高ぶれば、余計なことまで言ってしまうことになります。行き過ぎた言葉は、刃のように相手の心を突き刺すものです。

暖かさと優しさを含んだ言葉。それを禅では「愛語」と言います。いつも愛語を心がけながら、相手に気持ちを伝えることが大切です。

自我を押しつけ、張り合っていませんか？

自分を押しつけると
衝突が生まれますが、
一歩引いてみると、
人づき合いは楽になります。

第2章 人との縁が豊かさをもたらす

「処世不退一歩処　如何安楽（世に処するに一歩退いておらざれば、いかにか安楽ならん）」という禅の言葉があります。

これは「何ごとにも一歩退くということを知らなければ、世の中を安心して渡ってゆくことはできない」という意味です。まさにこの禅語は、人間関係の神髄を表しているような気がします。

私たち人間には「自我」というものがあります。「自分はこう考えている」「自分はこうしたい」と、さまざまな自我をもちながら生きています。

もちろんこうした「自我」は生きていくうえでとても大事なものです。自我をもたずして自分自身の人生は歩むことはできません。自我がなければ、自分は何者かもわかりません。反対に言えば、自我をもっていない人間などひとりもいないということです。

ただし、この自我を前面に出さないことです。自我を出し過ぎれば、必ずそこに他人との衝突が生まれます。

互いの自我を押しつけ合い、何としても自分の考え方を通そうとすると、そこに温かな人間関係や信頼感が芽生えることはありません。

誰もが自分なりの生き方、考え方をもっています。それを認めてほしいという気持ちをもつのは、当たり前のことです。注目されたいという欲求もあれば、人より高い評価を得たいという欲求もあります。そういう気持ちがあるから、必死になって先頭を走ろうと頑張れることもあるでしょう。

そういう気持ちが、仕事では求められることもありますから、すべてを否定するつもりもありません。

ただ言っておきたいことは、常に先頭を走り続けることなどできないということです。常に自分を押し通すことなど無理だということです。

であるからこそ、「一歩退く」という心を常にもつことが大事なのです。

私たちは一人で生きているのではありません。たくさんの人たちに支えられながら生きています。そのことを忘れることなく、自我を後ろに隠しながら生きる。それが結果として、自分自身の人生を生きやすくしてくれることになるのです。そうすることで、人との無意味なぶつかり合いを避けてくれるのです。

エレベーターに乗ろうとするとき、同じく乗りかけた人が「お先にどうぞ」と言ってくれる。そう言われて嫌な気分になる人などいません。

相手が「どうぞ」と言えば、ついこちらも「いえ、どうぞ」と返してしまう。そうして互いに譲り合う気持ちが生まれたとき、そこには温かな空気が生まれるものです。

会社や家庭が温かな空気で包まれていることほど幸せなことはありません。ギスギスした空気の中にいたいと言う人など一人もいないでしょう。

そしてその温かな空気は、そこに生きる人間が作っていくしかないのです。それには、互いに一歩退く心をもつことが大切だと私は思います。

空虚な人間関係に振り回されていませんか？

友だちを増やすことが、
大切なのではありません。
心を通わせ合える友だちが
いるかどうかです。
それは一人か二人で十分です。

SNSなどの広がりによって、手軽に実にたくさんの人との関わりができるようになりました。地域や性別、立場なども飛び越えた関係が広がっているようです。

スマートフォンの住所録には一〇〇人、二〇〇人ものアドレスが登録されている人もいるでしょう。数が増えるたびに、何となく人間関係が広がったような気分になり、反対に少ないと、何となく世の中から取り残されたような気分になってしまう。そこで一日中スマートフォンを手放すことなく、朝から晩まで「友だち作り」に励んでいる、これが現代人の特徴ではないでしょうか。

そこに登録された二〇〇人もの人たちは、果たしてあなたの本当の友だちでしょうか。

中には実際に会ったこともない人もいるでしょう。その会ったことのない人は、友だち以前の知り合いとも呼べる人なのでしょうか。

友だちがたくさんほしい。たくさんいることがいいことだ。こういう考えは、中学生や高校生ならまだわかりますが、「いい大人」になってもそんなことを思っているとすれば、それはとても幼いことだと私は思います。

大人になるとはどういうことか。それは自分という存在が少しずつ見えてくることです。自分とは何者かが見えてくる、と言ってもいいでしょう。

そうなれば、どのような人と関わりをもてばいいのかも自然とわかってくるものです。すなわち、本当の友だちを見極める力がついてくるということなのです。

不要に膨張した「知り合い」によって、ストレスを生むことは多々あります。いつもSNSに書き込まなくてはいけない、既読になっているのに返信しなければ「知り合いの輪」から外されてしまう、知り合いの数が減っていく不安、排除される恐怖……。まるで知り合いの数が、自分の評価だと決め込んでいるかのようです。

そんな不安を抱えながら日々を暮らしているのは、まったく無意味なことだと思いませんか。

本当の人間関係とは何なのでしょう。それは、自分の人生を豊かにしてくれるものだと思います。

互いに信頼し合い、互いの人生が豊かになるような関係。それこそが本当の人間関係です。

そしてそのような関係は、とても少なくて当然です。たくさんの人間と心を分かち合うことなどできません。心を分かち合える友は、一人か二人いれば十分。三人もいれば儲けもの、と思ったほうがいいと思います。

スマートフォンの中にいる二〇〇人もの知り合いのうち、心から信頼でき、心を分かち合える人は何人いますか。

あなたが心からつき合いたいと思った人だけを残して、残りの知り合いを消去する勇気をもってください。

縁を求めてばかりいませんか？

縁に恵まれている人は、
流れてくる縁をつかめる人です。
まず目の前にいる人を大切にする。
そしてあとは
運にお任せすればいいのです。

すべての人間関係は、「縁」という不思議な力によって結ばれています。同じ町に生まれたり、同じ学校に通ったり、同じ職場で仕事をすることになったり。映画館や何かのセミナーで隣りになったということまで、すべてがご縁です。

社会の中で生きている限り、私たちは実にたくさんの縁に包まれて生きているのです。

ところが、「私には縁がない」と嘆く人がいます。縁がないから結婚できない。縁がないから仕事にも恵まれないのだと……。

そんな悩みを抱えている人が多いのか、いわゆる縁結びの神様や仏様はいつも大忙しです。「どうか私にもよい縁が訪れますように」「どうかいい仕事と縁ができますように」などなど願いごとをしている人はたくさんいます。

縁がたくさんある人も、縁がとても少ない人も、そんな人は実はいません。縁というものは、誰のもとにも平等に流れているのです。それが仏教の考え方です。

大切なことは、自分に流れてくる縁に目を向け、それをつかむ努力をすることです。流れてくる縁に気づくことなく、またそれを大切にすることなく流してしまえば、せっかくの縁を結ぶことなどできません。

自分のほうから縁を逃しているにもかかわらず、自分には縁がやってこないと嘆いていても仕方がないのです。

では縁をつかむにはどうすればいいのでしょう。

たとえば初めての人と出会ったとき、その人との縁を結びたいがために、一生懸命にアプローチをする人がいます。それも一つの方法でしょうが、性格的になかなかできない人もいるでしょう。とりわけ日本人は恥かしがり屋の人が多いので、欧米人のような積極的なアプローチができる人は少ないのかもしれません。

縁を結ぶとは、何も積極的な行動ばかりを示すものではありません。

私がいつも「縁がない」と嘆く人たちにアドバイスすることは、とにかくその瞬間を大切にしてくださいということです。

この人との縁を結びたいとか、この人とは縁を結びたくないとか画策したり、思い煩《わずら》ったりせず、目の前にいるその人にしっかりと目を向けて、心を尽くすことが大事なのです。

もしかしたらその人とは、もう一生会うことがないかもしれません。まさに一期一会《いちごいちえ》です。

そして、結ばれた縁がどのように運ばれるのかは、運というものです。出会いの縁は、運によって運ばれていくのです。そこはもう運任せにしてしまうことです。

まずはあなたのもとに流れてくる縁に目を向けてみてください。きっとその中に、あなたの人生にとって大切な縁があるはずです。

悩みを抱え込んでいませんか？

悩みは抱え込むと、
大きくなっていくものです。
同じ悩みをもつ人と出会うことで、
心は強くなっていきます。

お檀家さんの中に、幼いお子さんを病気で亡くされた方がいました。その悲しみは深く、受け入れがたいほどでしょう。私も一人の親として、その悲しみは十二分に想像することができます。しかし、私はそのお檀家さんにかける言葉はもっていません。

もちろん心を和らげる仏教の考え方などをお伝えすることはできますが、心から悲しみを取り除く術《すべ》はもっていません。

なぜなら、私には自分の子どもを亡くすという経験がないからです。頭では理解できても、真の悲しみは心からわかることができない。いくら僧侶とはいえ、その方の悲しみを一〇〇パーセント、わかることなどできないのです。

「あなたが抱えていらっしゃる悲しみは、あまりにも深いものでしょう。しかし、世の中には、あなたと同じ悲しみを抱えた方がきっとたくさんいらっしゃいます。そういう方とご縁を結んでみてはいかがでしょう」

私がお伝えできるのは、それが精一杯です。

禅には「同事」という言葉があります。同じ経験をした者同士にしか、互いの気持ちは分かち合えるものではない。だからこそ、同じ悲しみや同じ苦しみを抱えた人と出会うことが大切だと解釈できます。本来は、その経験をしていなくても、相手と同じ立場に立って相手の話を聞いたり、話したりすることという教えです。

これは本当に大事なことです。

私たちは、さまざまな悲しみや苦しみ、あるいは悩みを抱えながら生きています。生きている限り、そこから逃れることなどできません。そしてそれらの悲しみや苦しみは、なかなか自分だけで消化することは難しいのです。

誰かに自分の悲しみをわかってほしい。誰かと同じ苦しみを分かち合いたい。そう願う心は、生きてゆくために必要な〝安全弁〟のようなものです。

たとえば親の介護で悩んでいる人たちは、ときに集まって互いの気持ちを吐き出し合っています。子どものことで悩んでいる人たちも、同じ悩みを抱える人と話すことによって癒されています。それはとても大切なことだと思います。

しかし、「自分の悩みは周りから見れば、些細《ささい》なことかもしれない……」などと思い、自分一人で悩みを抱え込んでしまう、という人もいます。誰かに話したところでわかってくれないだろう、と考えてしまうのです。

悩みというものは、自分一人で抱え込んでいると、不思議なことにどんどん大きくなっていきます。大した悩みではないと思っていても、やがて心を押しつぶされてしまうこともあります。そうなる前に、気持ちを分かち合える人を見つけることです。

仕事の悩みも同じです。こんな悩みを打ち明けても、きっと相手にされないだろう。馬鹿にされるかもしれない。そう思って抱え込んではいけないのです。同じ悩みをもった人は必ずいるものです。互いの気持ちを共有できる人との出会いが、心を強くしてくれるのです。

人を許していますか?

つらい思い出は、早く記憶の中から
追い出してしまうことです。
人を許すのは、
相手のためではありません。
自分の人生を幸福に満たすためです。

「私はあの人のことを絶対に許さない」「あの人から言われた言葉を一生忘れない」……。そんな気持ちになったことはありませんか。誰かからそんな言葉を聞かされたことがありませんか。

たくさんの人と関わっているということは、すなわち互いに傷つけ合っていることでもあります。

人間関係とはいい部分だけではありません。その裏側には必ず負の部分も抱えているものです。誰かから傷つけられた経験もあると同時に、あなた自身も、知らず知らずのうちに誰かのことを傷つけていることもあります。

過去に言われたひどい言葉や受けた仕打ち。それがいつまでも心に残って、思い出すたびに怒りの感情が湧いてくる。人間ですから、そういうこともあると思います。

心理学によると、人間の思い出は六割がいい思い出で、四割が悪い思い出が占めているそうです。客観的に考えれば、人生に起きることはいいことが半分で、悪いことが半分なはずです。どちらかに偏ることなど、本当はありません。

つまり、いい思い出と悪い思い出は五割ずつ残るはずです。

それでも六割がいい思い出として残されているというのは、きっと心の防御が働いているのだと思います。


誰かに対する憎しみや恨みは、明らかに四割に入る悪い思い出です。そしてそれは誰の心ももっている思い出です。

大切なことは、その負の思い出を心の中で薄くしていくか、はたまた増殖させていくか、ということです。

負の思い出というのは、厄介なことに思い出すたびにその姿を変えていきます。投げつけられたのはたった一言であっても、その一言がどんどん膨らんで、やがては言われてもない言葉まで、自分の中で作り上げてしまいます。小さな憎しみが、大きな憎悪へと育っていくのです。

たしかに許せない人はいるかもしれません。忘れられないひどい言葉もあるでしょう。しかし、その人を許してしまうことです。

その人を許すということは、何もその人に対して「許してあげる」ということではありません。その思い出を自分の心の中から追い出してしまうことです。許すのはその人のためではなく、自分自身のためであることに気づいてほしいと思います。

ほかから見れば、とてもつらい人生を送った人がいたとします。その人の人生は苦労であふれていて、周りの人からは不幸にしか見えない人生だったとします。

それでもその人は人生を閉じるとき、「いろいろな苦労はあったけれど、自分の人生はそれほど悪いものではなかった」とひとり呟《つぶや》くものです。そう自分自身に言い聞かせることで、自分なりの幸福感を得ようとしているのかもしれません。自分の人生を否定する人間は、一人もいないからです。

嫌な思い出はさっさと忘れてしまうこと。人生という大きな枠の中では、それらは大したことではない、と位置づけてしまうことです。

本音と感情を、一緒に吐き出していませんか?

本音を伝えるとき、
感情とともに伝えてはいけません。
湧きあがってきた感情は、
一旦飲み込む習慣をつけましょう。

「あの人の本音はわからない」「自分は本音で話しているのに、あの人はいつも本音を言わない」。よくこのような話を聞きます。「本音」が気になるのは、きっとそれが人間関係を築くうえで、大切なことであると考える人が多いからでしょう。

では、いったい「本音」とは何なのでしょうか。自分の心の中にある本心、自分が主張したいことなど、さまざまな「本音」がありますが、実はその多くは一時の感情に過ぎないことが多いように思います。

たとえば会社の同僚に嫌いな人がいて、その人とはつき合いたくない。これはたしかに本音かもしれませんが、それはただ一時のことに過ぎません。会社では嫌な人間だと思っていても、会社を離れて話をすると、なかなかいい人だと思うことも多々あるものです。要するに、たった一時の、たった一面だけを見て嫌いだと思い込んでいるだけのことです。

もしもその一時の感情をぶつければどうなるか。「今日は本音を言わせてもらいます」と言って「実は私はあなたのことが嫌いなんです」と口にすれば、そこで人間関係は壊れてしまいます。当たり前のことです。

感情という名の本音をぶつけ合うことは、子どもの喧嘩と同じなのです。

人はなかなか感情を封じ込めることができません。しかし、その感情を露《あら》わにしてはいけないのです。湧き上がってきた瞬間に、表に出してはいけないということです。

湧き上がってきた感情は一旦自分の心に飲み込み、十分に咀嚼《そしゃく》してから相手に伝えること。あくまでも冷静になって、感情をオブラートで包みながら丁寧な言葉で伝えること。それが本音を言うときに必要なことです。

ところが近年の人間関係を眺めていると、少し気になることがあります。

それはメールやSNSといった手段で、安易に本音を伝える行為です。

相手から不本意なメールが届く。その言葉にカチンときて、すぐさま感情的なメールを返信する。互いに冷静になることなくやり取りしている間に、どんどん怒りや不信感、悲しみなどがエスカレートしていく。結局は負の感情を抱いたまま、互いに顔を合わせないまま関係が崩壊してしまう……。とても怖いことだと思っています。

昔は自然と感情を咀嚼する時間がありました。誰かに対して怒りを感じたとき、「よし、文句を言いに行こう」と思っても、伝えるまでに時間や体力、手段がいろいろ必要でした。たとえば今ほど生活が便利ではなかったので、目の前のことから手が離せないこともありました。会うためには移動手段も考えなければいけない、電話するにも電話帳などで番号をいちいち調べなければならない……。そうこうしている間に、怒りの感情は薄らいできます。そして「まあ、今回はやめておこう」となるわけです。

湧き上がってきた感情を一旦飲み込み、十分に咀嚼するという習慣をつけることです。ひとまずスマートフォンを置いてみる。そんな心がけをもつことで、人間関係のぶつかり合いの半分はなくなると思います。

自分が正しいと思っていませんか？

世の中のほとんどの出来事は、
「中道」で成り立っています。
自分の考えを
受け入れてもらいたいなら、
まず相手の意見に耳を傾けることです。

同じ社会に暮らし、同じ出来事を目の前にしながらも、その受け取り方は千差万別です。物の見方や考え方は十人十色。一〇〇人いれば一〇〇通りの考え方があるものです。

そんなことはわかっていても、人はつい自分の考え方が正しいのだと、相手にそれを押しつけようとすることがあります。人間関係のぶつかり合いは、このような考え方の押しつけ合いから生まれると私は考えています。

相手と意見が食い違ったとき、自分のほうが正しいと主張し合うのは、欧米的な価値観で、いわゆる二者択一の考え方です。善か悪か。正しいか間違っているか。好きか嫌いか。ともかくどちらか一方に決めたがります。

そこからは衝突が生まれますが、欧米の人たちはその衝突の解消法にも慣れているのかもしれません。

仏教の基本的な考えは「中道」です。どちらか一方に決めつけるのではなく、どちらにも極端に偏ることはしない、という考え方です。ですから、どちらの考えも共存していけるのです。禅では「二元的」には考えないのです。

相手と意見が食い違ったとき、「その意見は間違っている。自分の意見が正しい」と言うのではなく、「なるほど、あなたの意見もいいですね。でも、私は別の意見をもっているのですよ」と言う。この考え方こそが、日本人がもつ心根の優しさだと私は思っています。

そんな日本人を見て、欧米の人たちは言います。「日本人は自分の意見をはっきり言わない。曖昧な言い方をして、何を考えているかわからない」と。

しかし、それは違います。日本人は曖昧なのではなく、自分の考えはしっかりともっているのです。

相手の意見も受け入れているのであり、自分だけが正しいなどとは考えません。相手の意見を受け入れつつも、それによって自分を見失うこともありません。

押しつけることもせず、押しつけられることもないということです。そうした姿勢で温かな人間関係を築いてきたのです。

時と場合によっては、どちらか一方にはっきりさせなくてはならないこともあるでしょう。仕事の進め方などは曖昧にできることではありません。

しかし私は、この世の中で、はっきりと黒白をつけなくてはならないことなど、ほんの一握りに過ぎないのではないかと思うのです。ほとんどのことは、曖昧にしておいたほうがいいのではないかと思います。つまり世の中のほとんどは中道で成り立っているということです。

自分の考えをわかってほしいということと、それを押しつけることはまったく違うということです。そして、自分の考えをわかってほしいと思うのであれば、まずは相手の意見をわかろうとする気持ちをもつことです。

まずは相手を受け入れ、相手の考えに耳を傾けること。そこから人間関係は育っていくのです。

押しつけ合いから生まれるよい関係などあり得ないのです。

第3章

お金や仕事で大切なものを見失わないために

お金に執着していませんか?

自分にはいくらのお金があれば十分か、
考えてみましょう。
身に余るお金をもてばもつほど、
心の欲望は大きくなります。

第3章

お金や仕事で大切なものを見失わないために

お金は生きていくうえで大切なものです。お金なんかなくてもいい、という人もいるかもしれませんが、それはきれいごとのようにも聞こえます。

もともと僧侶はお金にとらわれてはいけないとされています。人生そのものが修行で、その修行は仏様への道を会得《えとく》し、それを市井《しせい》の人々に伝えていくものであり、そこに報酬など介在してはいけないのです。

ところが僧侶も妻帯することが許されるようになってからは、市井の人々と同じような生活を営むようになりました。つまりはお金が必要になってきたのです。

私にも家族がおります。自分自身は修行の道を歩んでいても、家族の生活は支えなければなりません。僧侶といえども、やはりお金なくしては生きてはいけないのです。

ただ私は、常に自身に問いかけるようにしています。いったい自分にはどれくらいのお金が必要なのか。家族やお寺を守るために、最低限必要なお金はどれほどなのか。その分量を明確にしながら、そのほかのお金にはいっさい目を向けない。生活や仕事に必要なものは手に入れますが、そのほかの物欲には目を向けないような生活を営んでいます。

私がもっている服は、僧侶としての正装となる衣類と作務衣、それに少々の服だけです。大学に教えに行くのも、海外に行くのも作務衣さえあればこと足ります。

食事も通常は一汁二菜程度のものです。美食を楽しもうとはまったく思いません。

そんな私の生活を見て、「住職はそんな生活をしていて幸せなのですか」と問う人がいますが、私は心から言葉を返します。「十分に幸せで満ち足りた人生を歩んでおります」と。

贅沢などいっさいすることなく、不必要なお金に執着しない。少ないもので満足することで、どんどん心はすっきりとしてくるものです。

これが禅でいうところの「知足」なのです。「足るを知ること」。今あるものに心から満足すること。それこそが幸せに生きる最高の術であると、私は思って日々を暮らしています。

お金はたくさんあるほうがいい。お金さえたくさんあれば幸せに暮らすことができる。そんな考え方が世の中に蔓延《まんえん》しています。もちろん安易にその考えを否定するつもりはありません。お金があることで幸せを感じることもあるでしょう。

しかし、その考え方がすべてだと思ってはいけないのではないでしょうか。身に余るお金をもてば、心の欲望は大きくなるばかりです。けっして満足することなく、延々と欲望を追い求めるようになります。「知足」とはまったく反対の心が巣くっていく。そこに安寧《あんねい》の日々が訪れることはないでしょう。

お金さえあれば幸せになれる。そんな幻想は、早く捨ててしまうといいでしょう。お金とは生きていくための手段であって、幸福を運ぶための手段ではないのです。

お金を貯めることばかり考えていませんか?

お金は巡らせていくものです。
人のために使うことで流れが作られ、
巡っていきます。

昔からお寺という場所は、村や町の中心的な存在でした。村人たちは何かあればお寺に集まってきます。悩みごとがあれば住職に相談にやってくる。楽しいことがあれば、みんなで集まって酒を酌み交わしたりもする。そして子どもたちは日が暮れるまで境内で遊んだものでした。そこはたしかに村人たちの絆を結ぶための場であったのです。

作物がたくさん収穫できた家は、お寺にやってきて賽銭を投じたり、取れた野菜を仏様にお供えをしました。収穫が少なければ賽銭を入れる必要はありません。

こうして集まったお金は、お寺だけのものではありません。お寺の修理や維持、そして住職の生活に使うことはありますが、そのほかのお金はまた村人に巡らせるためにとっておきます。

村人の誰かが病《やまい》に罹《かか》れば、その治療費などを賽銭から出したり、どうしてもお金が必要な村人がいれば助けたり、あるいはお寺の行事のためにそのお金を使ったりしました。

こうして賽銭を村中に巡らせることで、そこに住む人たちの絆を強くしていったのです。

現代は不安感が蔓延している時代ともいえます。経済的にもかつてのような成長は期待できません。年金も減る一方で、老後の暮らしに不安を覚える人も多いでしょう。若い世代でも教育費の高騰などで生活は圧迫されています。

そんな不安感の中で、誰もが必死にお金を蓄えようとしています。結婚するための資金、家を建てるための資金、そして老後への蓄え。とにかくお金を貯めなければという思いばかりが募っているような社会です。

ではいったい、いくら蓄えれば安心なのでしょうか。

そこには明確な答えはありません。たとえば二〇〇〇万円貯めれば老後は安心だと思い、一生懸命に節約して二〇〇〇万円の貯蓄をします。ところがその目標に達すると、やっぱりそれでは足りないような気がするのです。そこで再び貯めるばかりの生活になってしまうのです。

果たしてこれが豊かな生き方だといえるでしょうか。
いくら蓄えがあれば安心なのか。おそらくその金額は人それぞれでしょう。境遇によっても違ってきます。

大切なことは、自分の中で線引きをしておくことだと私は思います。ここまでは貯めておこう。しかし、それ以上は誰かのためにお金を使うことを考えよう、といった具合です。

旅行などに行ったとき、ちょっとしたお土産を近所の人に買ってくるのもいいでしょう。困っている友だちがいれば、無理のない範囲で助けてあげることも立派なことです。災害に見舞われた人に寄付をしてもいいでしょう。

金額の多い少ないではありません。自分のもっているお金を自分のためだけに使うのではなく、誰かのために使うということです。そんな心がけが、人と人をつなぎ、そしてお金が巡っていくのだと私は信じています。貯めているお金が、人と人との絆を生むことなどないのですから。

簡素な生活をしていますか？

簡素と質素は違います。
簡素な生活とは、
自分が必要とする量と、
心と体が満足する物だけを選び、
生活することです。

「シンプルな暮らし」という言葉が、昨今よく聞かれます。あまりにも物であふれた時代に対するアンチテーゼなのでしょうか。私も「シンプル」をテーマにした本を何冊か書きました。

さて、この「シンプル」という言葉をお金で考えればどうなるのでしょう。お金とシンプルにつき合うとはどういうことなのでしょうか。

「質素」と「簡素」という二つの言葉があります。一見すると同じような意味にも思えますが、これはまったく別のものであると私は考えています。

「質素な暮らし」とは、いかに少ないお金で暮らすかということです。できるだけ安価な物を買う。食事にしても体にいいものより、お腹を満たすために安くて量の多いほうを選ぶという考え方です。

たとえばお店で、一個一〇〇円の湯呑み茶碗を見つけたとします。質素に生きようとしている人は、これはとても安いからお客さんが来たときのために一〇個買っておこうと考えます。一〇個買っても一〇〇〇円という安さです。いかにも買い物上手に思えますが、実はこれこそが無駄遣いなのです。

もし一人暮らしであれば、一年のうちにお客さんが一〇人も来る日など、そうありません。つまり自分が使う湯呑み以外の九個は、ずっと茶箪笥に仕舞われたままです。そしてやがては使わずに邪魔だからと、捨ててしまうことになるでしょう。どうせ安物だからと、捨ててしまうのです。

一方で「簡素な暮らし」とは、本当に気に入った物だけを買い求める生活です。毎日お茶を飲むのが楽しみだからこそ、せめて湯呑みはお気に入りの物を使いたいと考えるのです。そこで一つ五〇〇〇円もする湯呑みを買い求めます。湯呑みに五〇〇〇円とは贅沢で無駄だと思うかもしれませんが、実はそうではありません。高価な湯呑みですから、扱いも丁寧になるでしょう。何より毎日お茶を飲むときに、とても心が豊かになります。そして一〇年も二〇年も大切に使い続けようとするでしょう。これこそが簡素で美しい生活だと私は考えています。

食事にしても同じです。安くて量の多い食事ばかりをしていれば、やがては体を壊すことになります。質素な食生活をしているのに、メタボになってしまうという人もいます。

そうではなく、体によい食事を少なめにとること。多少値段は高くても、体にいい新鮮な食材を求めること。そんな簡素な食生活を心がけることです。

シンプルな暮らしとは、無駄な物をできる限り省くことです。

そして、無駄な物を省くためには、自分にとって何が必要なのかを見極めなければなりません。

今の自分にとって本当に必要な物は何か。常にそれを自らに問いかけることが必要なのです。

その答えがくっきりと見えたとき、生きたお金の使い方が見えてくるのです。

お金の使い道に、優先順位はありますか？

今の自分にとって、
何にお金をかけるべきかを知り、
それに投資することです。

「お給料が少なくて、とてもやっていけません」と悩んでいる三〇歳の女性がいました。そんなにお給料が少ないのかと思って聞いてみると、毎月三〇万円のお給料をもらっていると言います。独身で独り暮らしですから、私からみれば十分過ぎるほどの金額です。それでも彼女はお金が足りないと言うのです。

どうして足りないのか、彼女は訴えます。キャリアを積むためには勉強会などにも行かなくてはいけないし書籍代もかかる。新しい洋服も必要だし、趣味のダイビングもしたい、そのうえ、一年に一度は海外旅行にも行きたい……。これではとても今の給料では足りない、というわけです。まったく贅沢な悩みだと私は思いました。

「お金がない」と口癖のように言っている人たちがいます。こうした人の多くは、実はけっこうなお金をもっているものです。

本当にお金がなくて困っている人は、文句を言っている暇などありません。「ああ、お給料が少ないな」などと悠長に言っている場合ではないのです。とにかく明日の生活のために必死になって働いているのですから。

要するに「お金がない」といつも言っている人は、言うなれば欲望が強過ぎるのではないでしょうか。勉強するお金、洋服を買うお金、趣味のお金、海外旅行のお金……。多くの人は、何かを選べば何かを諦めなくてはいけない、という生活をしています。考えてみれば当たり前のことです。

ところが、多少の余裕がある人のほうが、無理をすれば多くの欲望を満たすことができるために、かえって不満足感が生まれるのです。

たとえば先の女性が、もしも二〇万円しかお給料をもらっていなかったとすればどうでしょう。おそらくは趣味のダイビングは続けることはできないでしょう。海外旅行などもってのほかです。そんな状況になれば、諦めざるを得なくなります。

そして多くのことを諦めた結果として、自分にとっていちばん必要なお金が浮きあがってくるのです。

もしかしたら彼女にとっては、二〇万円のお給料のほうが幸福感を感じることができるのかもしれません。

今の自分にとって、いちばんお金を使うことは何か。常にそれを考えておくことです。

「今は自分を磨くために、勉強のためにお金を使いたい」「これからは、やりたかった趣味にお金をかけたい」「ストレスが多い毎日だから、気分転換ができてリフレッシュするためにお金を使いたい」など自分の生活を振り返り、いちばんのお金の使い道をはっきりさせておくことです。

お金には限りがあります。そのお金を有効に使うためには、優先順位をつけておくこと。今のいちばんに集中して投資をすることです。

そして二番目以下のものには目を向けることなく、きれいさっぱりと諦めてしまうということです。そんな心がけでいれば、「お金がない」と思うこともなくなるのです。

大切な人とお金に対する価値観は同じですか?

お金の使い方は、生き方です。
自分とお金の使い方が、
あまりに違う人は、
生き方が違うということです。

お金に対する考え方や使い方は、学校の授業のように誰かから明確に教えられることではありません。幼い頃からの家庭環境や両親の考え方によって自然と身についていくものだと私は思っています。

ということはつまり、お金に対する考え方は、その人の生き方とリンクしてくるものなのです。

お金に対する価値観は人それぞれです。この違いやズレは、友人や恋人ならば笑って許せるかもしれませんが、結婚相手となればそうはいきません。ともに生活を営んでいくわけですから、お金の使い方があまりにも違えば、双方にとってストレスになるのは間違いないことです。

たとえば友だちなどが集まって飲み会などをやるとき、みんなよりもたくさんのお金をさっと支払う男性がいます。それを見て「なんてきれいなお金の使い方をする人だろう」と心惹かれる女性もいるでしょう。そういう姿はスマートで格好よく見えるものです。

ところがいざその男性と結婚生活を始めると、単純に見栄っ張りで金使いが荒いことに気づきます。気前よく奢《おご》るのはいいのですが、家計はいつも火の車。これでは結婚生活は成り立ちません。

二人とも同じタイプであれば、まだ気持ちもわかり合えるのかもしれませんが、一方が浪費家で一方が節約家であれば、やがてその溝は深まるばかりです。

お金に関する価値観とは、その人の生き方そのものです。

それが食い違うということは、すなわち生き方も違ってくるということです。互いに歩み寄れる程度ならいいのですが、それができないと感じたのであれば、やはり結婚はやめたほうがいいと私は思います。

Aさんという女性がいました。大恋愛の末に結婚をしました。あるとき大きな災害が起こり、彼女はとても心を痛めました。テレビで惨状が映し出されるたびに、自分に何ができるかを考えました。そして彼女は自分のお給料から五万円を被災地に寄付したのです。

そのことを夫に話すと、夫は信じられないという顔で彼女を見ました。「何で五万円も寄付をするんだ。せいぜい一〇〇〇円くらいでいいだろう。何てもったいない」。夫には彼女の行為が理解できなかったのです。

それどころか、半年経ってもそのことを持ち出すそうです。「あの五万円があれば、もっと美味しいレストランに行けたのに」「あの五万円でこれが買えたのに……」と。

その夫の言葉を聞くたびに、彼女の気持ちは冷めていきました。そして一年後、Aさんは結婚生活を終わらせたのです。

これは、どちらが悪いということではありません。夫と同じ気持ちをもつ人もいるでしょう。どちらが正しいということではなく、生き方が違っていただけなのです。お金の使い方は、まさに生き方なのです。

収入を得ることだけが仕事だと思っていませんか?

社会で与えられた役割を、
仕事といいます。
それが収入にならなくても、
立派な人生のキャリアです。

第3章
お金や仕事で大切なものを見失わないために

自分はいったい何のために仕事をしているのだろう。こんなにもつらい思いをしてまで仕事をする意味はあるのかしら……。そう自問自答したとき、やはりお金を稼ぐためだという答えに辿り着く人が多いのではないでしょうか。

もちろんそれは厳然たる事実ですが、真実ではないと私は考えます。

長い人生の中で仕事が占める割合はとても大きいものです。おそらく人生の七割や八割は仕事をしている時間になるかもしれません。そんな大きな存在であるからこそ、仕事を単に金を稼ぐためだけと思ってしまうのは、非常に寂しい発想のように思います。

であるならば、仕事をする意味とはどこにあるのでしょうか。

それはきっと、社会の中で自分に与えられた役割こそが、仕事なのではないでしょうか。

たとえば農家の人たちは、高齢になれば農作業に出かけることはできなくなります。そうなれば仕事はおしまいかというと、そうではありません。

農作業ができなくなれば、収穫した作物を箱詰めするという仕事もあります。

それもできなくなれば、息子夫婦が畑に出ているときに孫の子守りをするという仕事もあるでしょう。

それらはお金を稼ぐという行為ではありませんが、社会の中で担うべき役割があるという意味では立派な仕事です。

子育てに追われている主婦の人も多いでしょう。中には早く子育てを終えて仕事に復帰しなければ、せっかくのキャリアが台無しになってしまうと焦る女性もいます。また子育ての傍《かたわ》ら、将来のためにとさまざまな資格を取得しようとしている人もいるでしょう。

もちろんそれらは悪いことではありませんが、子育ても大きなキャリアではないかと私は思います。

子どもと向き合って小さな命を育むことは、人生において素晴らしいキャリアとして、あなたを支えてくれます。たった数年間のこの時間が、人生を豊かなものにしてくれるということを、忘れないでほしいと思うのです。

私は何も、子育てをしながら仕事をしてはいけないと言っているのではありません。ただ、どんなことにも中途半端に向き合ってはいけないと思っているのです。

今自分に与えられている役割を、しっかりとまっとうすることです。そのことだけに心を尽くせばいいのです。

それは、専業主婦の人も同じです。外でばりばりと働いている女性を見て、家事ばかりに追われていることを不本意に思う人もいるかもしれません。

しかし、「キャリアを積むこと」＝「お金を稼ぐこと」ではありません。たとえお金を稼ぐことにつながらなくても、不安に思うことも焦る必要もありません。生活にはそれ以上のものがあるのですから。

今月手に入れたお給料は、一か月もすれば消えてなくなります。しかし今月必死になって自分の役割に向き合った時間は、自分の素晴らしい経験となって人生に積み重なっていくのです。そしてそれは一生消えることはないのです。

先延ばしにする癖はありませんか？

考える前に、
まず手をつけ始めることです。
先延ばしにしていると行動量が減り、
豊かな人生を
創造することはできません。

たとえば会社の中を眺めていると、仕事が早い人と遅い人がいるものです。単純に早いほうがいいとは限りませんが、それでもやはり遅いよりは早いに越したことがありません。

仕事はチームで動いていますから、誰か一人の遅れがチーム全体に迷惑をかけることにもなります。会社員は一つの歯車だとよく言われますが、その歯車の一つの動きが遅くなれば、全体の動きも遅くなるでしょう。一つひとつの歯車の動きは、仕事を進めるうえでとても重要なことです。

さて、では仕事が早い人と遅い人の差はどこから生まれるのでしょうか。そこには頭の回転のスピードや、能力の違いも関係するでしょう。しかし、どれもそれほど個人差があるとは思えませんし、みんな五十歩百歩というところでしょう。

それにもかかわらず、仕事の早さに違いが出るのは、仕事への着手に対するスピード感にこそあるのです。

仕事が早い人を見ていると、とにかく仕事に手をつけることが早いのです。

あれこれと考えるのではなく、まずは動き始めています。〇からの仕事を、まずは一にしています。

一方で遅い人というのは、なかなか仕事に手をつけようとしません。あれこれと考え過ぎたり、あるいは言い訳を考えたりするばかりで、なかなか最初の一歩を踏み出そうとしません。失敗することが怖いのか、それとも自信がないのか、いつまで経っても〇のままです。

仕事の到達点が一〇とするなら、もっとも難しいのは、〇から一に行く過程です。ともかく一までもっていきさえすれば、それはすぐに二や三にまで進んでいきます。

この最初の一歩こそが、いかに早く一〇に辿り着くかを決定しているのです。失敗が怖くて動き出せないと言う人がいますが、何も始めていないのであれば失敗することはありません。動き始めるからこそ、そこに失敗が生まれるのです。要するに一歩を踏み出せない人には、失敗することさえ叶わないということです。

これは会社の中だけの話ではありません。いつまでも○のままで動けない人は、ふだんの生活においても、だいたい似たような過ごし方になるものです。これは行動量の違いとなり、それは人生における経験の量の違いとなります。

「禅即行動」という考えが禅の基本にあります。思い立ったらすぐさま行動に移すということです。

物ごとをあと回しにすることなく、とにかくまずは、少しでもいいから始めることです。「この仕事は明日に回そう」とか「これは急ぎではないから、来週にすればいいか」という発想は、禅にはありません。なぜなら、私たちは明日の命さえも知れぬものだからです。極端なようですが、そう考えることで、今という瞬間を大事に生きようとするのです。

まずは目の前の仕事に手をつけることです。動き始めることです。それが○から一を生み、経験豊かな人生へとつながるのです。

視野が狭くなっていませんか？

問題にばかり目を向けてはいけません。
大切なのは、全体です。
自分の人生全体で、
それはどんな意味をもつのかを
考えることです。

インド仏教の中に、次のような説話があります。

真っ暗な部屋の中に、一頭の象がいます。しかし、象がいるとは誰も知りません。そこで王様が家来たちに、部屋の中にどんな動物がいるのかを調べてこいと命令をしました。家来たちは真っ暗な部屋に入り、その動物を探ったのです。

そして家来はそれぞれ王様に報告をしました。たまたま象の足に触った家来は「ものすごく太い木の幹のような動物です」と言いました。象の尻尾に触った家来は「いやいや、細くて長い鞭のような生き物です」と言いました。そして象の耳に触った家来は「まるでうちわのような形をした生き物です」と言いました。

さて、それぞれの家来の報告は、誰も間違ってはいません。どの答えも正解です。しかし、彼らの報告によって、その生き物が象であることはけっしてわかりません。

要するに物ごとというものは、一部だけを見ても、何もわからないということです。全体像を見てこそ初めてわかるものなのです。そういうことを教えた説話です。

まさに仕事も同じだと思います。私たちは仕事をしていく中で、行き詰まることがあります。

一生懸命に努力をしているにもかかわらず、どうしても解決できないことがあると、つい一か所に留まって悩み続けてしまいます。一つの出来事や一つの問題にとらわれて、そればかりを見詰めて堂々巡りを繰り返してしまいます。そんな経験は誰にでもあるものです。

それはつまり、私たちの視野が狭くなっているからです。目の前にある問題にばかり目が行き、仕事の全体像が見えなくなっているのです。

自分が携わっている目の前の仕事が、いったいどのような意味と役割をもつのか、わからなくなっているのです。

その視野の狭さが、悩みをさらに深くしている原因なのです。

そんなときには、行き詰まっている部分から一旦目を逸らすことです。そして仕事の全体像をゆったりとした気持ちで見直すことです。

その仕事は、最終的にはどのような完成形になるのか。今行き詰まっているこの問題が、果たしてそれほど重要なものなのか。もしかしたら、無理をして解決しなくてもいいのではないか。あるいはもっと先に進んでいくうちに、自然と解決していくことではないか……。そのような考え方でもって、仕事を見直すことが大事なのです。

もっと言うならば、目の前の仕事だけに縛られるのではなく、人生の全体像を眺めてみることです。

一つの仕事に行き詰まることはしんどいことでしょう。しかし、そのたった一つの仕事が、あなたの人生にどれほどの影響を与えるでしょうか。それはとても小さなものであるはずです。その小さな部分にとらわれればとらわれるほど、人生は生きづらくなるのです。

自分に合う仕事を探していませんか？

仕事に自分を合わせようと思うと、
悩みが生まれます。
自分の人生を軸にして、
それに仕事を合わせるのです。

「自分にぴったりの仕事が見つからない」「友人はばりばり仕事して華やかに過ごしているのに、私の仕事は地味でやりがいもない」「もっと自分に合う仕事はないでしょうか」……。そんな声をよく聞きます。

結論から言えば、自分にぴったりの仕事など、どこにもありません。「ぴったりの仕事」とはどこかにあるものではなく、自分自身で「ぴったりの仕事」にしていくことが大事だと私は考えています。

たとえば世間ではよく「営業職には、話が上手な人が合う」と言われています。口下手な人は営業には向かないのだと。

しかし、そんなことはどの経営者も口にしていませんし、どこにも書いていません。要するに自分が勝手にそう思い込んでいるだけの話です。

実際に私は、とても恥ずかしがり屋で口下手な営業職の女性を知っています。流暢《りゅうちょう》に話ができるわけでも、けっして社交的な性格でもありません。それでも彼女の営業成績は、常にトップクラスです。

彼女は自分が口下手なことをよくわかっています。であるからこそ、お客様の話をとにかく一生懸命に聞こうとします。笑顔を絶やすことなく、時間をかけて要望を聞きます。そして契約が成立すれば、必ず手書きのお礼状を送っているそうです。

そんな彼女の真摯《しんし》な態度が、多くのお客様の信頼を得ているのです。もしも彼女が流暢に話ができる人だったら、社交的な性格だったら、彼女はそのことに甘んじて、そこまで成績が伸びなかっただろうと私は思っています。

どんな仕事にも、向き不向きなどないと思います。もちろん得手不得手はあるでしょうが、不得手なことは努力次第で得意に変えることはできます。大切なことは、仕事と向き合う心持ちです。自分はこの仕事には向いていない。そう思った瞬間に、その仕事はあなたに向かなくなります。

自分を仕事に合わそうと考えるのではなく、その仕事を自分に合わそうと考えることです。

仕事に自分の人生を合わせる必要はない、ということです。

自分の人生を軸にして、それに仕事を合わせていくことなのです。

そして、すぐに諦めることなく、続ける努力を惜しまないことです。

ある四〇歳代の女性が私にこう言いました。

「私は二〇年間もこの仕事を続けてきましたが、本当にこの仕事が自分に合っているのかどうかわからないのです」

私は答えました。「二〇年間も続けてこられたということは、あなたに合っているという何よりの証拠ですよ」と。

今の仕事は果たして自分に合っているのだろうかと、みんな一度は考えます。

しかし、考えたところで答えなど見つかりません。そうであるならば、その仕事を自分に合わせてしまえばいいのです。

損得ばかり考えていませんか?

周りの評価を気にし過ぎていると、
すべてを損得で考えるようになります。
得にならないことをしてみると、
その執着から解き放たれます。

お寺に行って賽銭箱にお金を投げ入れることを、仏教では「喜捨」といいます。「喜んで捨てる」と書きますが、これは「このお金を困っている人のために使ってください」「お寺の修復に役立ててください」など、それぞれがいろんな思いをもって賽銭を投じます。

しかし喜捨の本当の意味は、自分自身がもっている執着心を捨てるということです。

お金に対する執着心や、もっとたくさんのお金がほしいという欲望などを振り払うために、エイッとお金を賽銭箱に投げ入れるわけです。

ですからお賽銭を入れるときには、丁寧にゆっくりと入れるのではなく、あえて投げ入れるような形になっているわけです。

そっと賽銭を入れようとすれば、途中でつい「もったいない……」という気持ちになるかもしれません。そんな気持ちを振り払うために、わざと投げ込むようにしているのです。

お金と一緒に、邪心や執着心をも賽銭とともに捨て去ることで、心が洗われていくということです。ここにこそ喜捨の意味があります。

この喜捨の心は、お賽銭のときばかりではありません。仕事の中にもこの心をもつことです。

仕事をしていくうえでは、誰もが認められたいと願っています。周りの人から評価されたいと思っています。これは至極当たり前の感情です。

しかし、この心が強くなると、そこには自己中心的な考えが芽生えてくるものです。

「自分の仕事だけ、うまく運べばいい」「自分だけが評価されればいい」というように、すべての仕事に対して損得勘定が生まれてしまうのです。

現代は競争社会ですから、自分さえ得をすればいいとか、自分の損になる仕事は引き受けないなど、ついそんな考え方に陥ってしまいます。

しかし、そんな思いばかりでなく、ときには喜捨の心をもつことが大事なのです。

みんながやりたがらないような仕事や、何の得にもならない仕事、それでも誰かがやらなくてはいけない仕事があったとき、「それは私がやります」と言ってみることです。

評価されなくても、実績にならなくても、誰からも褒められなくても、そういう仕事を引き受けてみることです。

その結果として、自分に何も益がなかったとしてもいいのです。

喜捨の心をもってやったというその事実は、必ずあなたの心を豊かにしてくれることでしょう。

そういう心持ちの人は、いずれ仕事やお金に対する不要な執着心から解き放たれると私は信じています。

第4章

自分の気持ちに誠実に

自分が選んだ道を信じていますか？

人生にはいろいろな選択がありますが、
どれを選んでも同じです。
大切なのは、どれを選んだかではなく、
選んだ自分を信じて、
その道を歩き続けることです。

人生は選択の連続です。歩いている道はけっしてまっすぐな一本道ではありません。ときに二股に分かれ、ときに横道が現れたりするものです。その時々に私たちは立ち止まり、どの道を歩むべきかを考えなければなりません。それが悩みにもなります。

しかし、二つに道が分かれたとき、どちらの道を選んでも「どちらも同じようなもの」であると私は考えています。

社会的な成功を収めた人たちが、人生の選択を振り返って言います。「あのときの選択があればこそ、成功に導かれたのだ」「もしもあのとき別の選択をしていたら、きっと成功はしていなかっただろう」と。

本人はそう信じているのかもしれませんが、私はそうは思いません。成功を収めた人たちは、どちらの道を選んでもおそらく成功していたでしょう。

ではどうして彼らが成功したのでしょうか。

それは選んだ道が正しかったのではなく、自分が選んだ道を一生懸命にひたすら歩いてきたからです。

自分の思いを信じ、自分が選択した道を信じ、ひたすらに努力を重ねてきた結果、その先に成功があったのだと思います。

一方で、自分はいつも悪いほうにばかりに行ってしまうと嘆く人もいます。「あのとき別の道を選んでいたら、もっと人生はよくなっていたのに」「あの人のアドバイスさえ聞かなければ、これほど悪い状況にはならなかったのに」と。つまり、自分の選択を安易に否定し、他人のせいにばかりしようとしているのです。

その道を選択したのも、アドバイスを受け入れたのも自分自身です。誰かに強制されたわけではありません。

そのことを忘れて、自分が選択した道を必死になって歩く努力を怠っているということです。

いくらその道が素晴らしいものであったとしても、歩いている本人に思いがなければ、その道が輝くことはありません。

自分の思いはどこにあるのか。どのような人生を歩んでいきたいのか。常にそれを自問自答することです。他人の目ばかりを気にするのではなく、損得勘定だけで考えるのではなく、自分の思いがどこにあるかをしっかりと見つめることが大事なのです。

その強ささえもっていれば、どんな道を歩もうが、きっとそれはあなただけの幸福へとつながっているはずです。

ただし、一つだけの道に執着しないことです。自分が選んだ道を信じることは大切なことですが、あまりにその道にだけ執着してしまうと、人生の逃げ道が見えなくなってきます。

一本道は順調なときはいいのですが、そうでないときには逃げ道が必要です。少し休める脇道も人生には必要なのです。

歩き続けて、あまりにも疲れ果てたときには、少し脇道に逸れてみること。人生の道のりはまだまだ続くのですから。

見栄を張っていませんか?

見栄には二種類あります。
人の目を気にして
自分を誤魔化す見栄と、
自分の可能性を信じる見栄です。
前者は自分を見失い、
後者は成長させるものです。

自分の思いに素直に正直に生きたい。自分らしく無理をせずに生きていたい。おそらくは誰もがそう願っていることでしょう。

ありのままの自分でいることは、一見すると簡単なようにも思えますが、実はそう簡単ではありません。それを私たちは知っているからこそ、望んでしまうのでしょう。

なぜ、簡単ではないかというと、その大きな原因に見栄があります。必要以上に自分を大きく見せようとしたり、身の丈に合わないと知りつつも無理をしたりして、ありのままの自分を遠ざけているのです。

たとえば友人たちとランチに行くことになったとしましょう。ところがそのランチは三〇〇〇円もします。ランチに三〇〇〇円も使う余裕はないというとき、どうするでしょう。

そんなお金があるのなら、家族のために美味しいものを買って帰ってあげたいと思っても、お金がないことが恥ずかしい、断ってしまうと次に誘ってもらえない、とつい見栄を張って正直になれないことがあるかもしれません。

「私には三〇〇〇円のランチは高すぎるわ」と言うことが恥ずかしいことでしょうか。

恥ずかしいことでも何でもありません。それよりも、自分の心を偽って無理をし、帰り道に後悔するほうが、よほど恥ずかしい気持ちになりませんか。情けない自分になりませんか。

もしもランチを断って、そこで切れてしまう人間関係であれば、それはそれでいいと思います。

自分の心を誤魔化してまでつき合うような関係が、いい関係だとは私には思えません。見栄を張らなければつき合えないような友とは、さっさと縁を切ったほうがお互いのためだと思います。

しかし、見栄を張ることがすべて悪いとは言えません。自分自身を高めるために見栄を張ることもあります。

たとえば自分の実力以上の仕事に立ち向かうとき、自信はなくても「私にやらせてください」「私にはできます」と勇気をもって挑戦する見栄は、自分を成長させてくれるものです。

そう考えると、どうやら見栄には二種類あるようです。一つは他人の目ばかりを意識した見栄です。これは明らかに虚飾といえるでしょう。つまりは自分の心に嘘をついていることと同じです。

人は自分の心に嘘をつき続けることなどできません。いずれはその嘘によって心が苦しくなったり、自分を見失ったりします。そうしてありのままの自分からどんどん遠ざかっていくのです。

もう一つの見栄は自分を成長させるためのものです。自分の可能性を信じて、さらに高いところに行こうとする心です。

あなたが今抱えている見栄は、それはどちらの見栄でしょうか。

過去の自分を慈しんでいますか?

頑張ってきた自分を
否定してはいけません。
かつての自分の思いに対して
後悔してはいけません。

第4章
自分の気持ちに誠実に

先日、一人の女性が私に悩みを打ち明けました。彼女は五〇歳で会社でも高い評価を得ているキャリアウーマンです。とてもオシャレで後輩の女性からは憧れの的となっています。その彼女が私に言いました。

「たしかに私はキャリアを積んで成功したと言えるかもしれません。しかしその代償として結婚することもなく、子どももいません。女性ですから仕事なんてやめて、結婚して子どもを産めばよかったと後悔しているのです。そう思うと、私の人生は失敗だったと考えてしまうのです」

人生が成功だったか失敗だったか。それは他人が決めるべきことではありません。自分自身がよかったと思えばそれでいいことです。

結婚することなく仕事に打ち込んできた女性の後悔は、たしかにあるのかもしれません。しかし反対を考えてみればどうでしょうか。

自分のやりたかった仕事を辞めて子どもを産んだ人たちは、その人生にまったく後悔していないと言えるでしょうか。

子どもを産んで後悔する女性はいないのでしょうが、結婚については後悔する人がいるようにも思います。

要するに、人間はどんな人生を歩んでも、一つや二つの後悔はあるものなのです。まったく微塵《みじん》も後悔がないという人を、私は見たことがありません。

しかし、そうは言っても、必要以上にあれこれと振り返っては後悔している人もいます。そういう人には共通点があります。

それは、過去の自分を慈しんでいない、ということです。

若いとき、結婚より仕事を選んだ自分は、きっとそのときは、自分の思い通りに生きていたはずです。この道こそが自分が歩むべき道だと信じて疑わなかったはずです。そう信じて生きてきたからこそ今の自分があるのです。何の迷いもなかったからこそ、堂々と人生を歩んでこられたのです。

ですから、そんな過去の自分を心から受けとめて褒めてあげることです。

生きていれば後悔はつきものですが、しかし、かつての自分の思いに後悔してはいけないと思います。

自分が選んだその道に少しの後悔はあっても、それを選んだ自分自身の思いに後悔をしてはいけないということです。

一生懸命に生きていたあの頃の自分を慈しんであげること。「それでよかったんだよ」と昔の自分に言ってあげることが何よりも大切なのです。

「私の人生は失敗だったのでしょうか」と問いかけてきた女性に、私は言いました。

「失敗などではけっしてありませんよ。また、失敗などと思ってはいけないのではないでしょうか。そんなことを今のあなたが思えば、あの頃に必死に頑張っていたあなたがかわいそうでしょう。人生とは、成功だとか失敗だとか言えるような浅いものではありません。もっと深遠で素晴らしいものだと私は思います」

彼女はほっとしたような笑顔になりました。

見返りを求めていませんか？

人にしてあげたことは、
その瞬間に忘れることです。
反対に、人にしてもらったことは、
忘れないよう心に残すのです。

大切な人のために何かをしてあげたい。あの人のために役に立つことをしてあげたい。そんな思いは誰の心にもあるものです。そして互いにそういう思いを抱きながら生きていればこそ、優しい世の中となり、またそんな思いをもてるのが人間のもつ素晴らしさです。

ところが、そんな温かな思いをもっている一方で、人はつい見返りを求めてしまうことがあります。

自分が優しくしてあげたのだから、自分にも優しくしてほしい、これだけのことをしてあげたのだから、いつかお返しをしてほしい……。どこかでそんな見返りを求める気持ちが生まれてしまうものです。

たとえば会社で同僚が困っていたとき、自分の仕事が終わってからもその人のために仕事を手伝ってあげたとしましょう。そのとき、どんなに感謝され喜ばれたとしても、終えたあとはその瞬間に、手伝ったということを心から手放すことです。

なぜなら、いつまでも心に留めておけば、やがてそれは見返りを求める気持ちへと変わっていくからです。「あのとき手伝ったのだから、今度は自分の仕事を手伝ってほしい」という欲求になってしまいます。

そしてそのような機会が訪れたとき、同僚が手伝いを申し入れることはなく、自分が思った通りにならなければ、心の中に不満が湧き出てくるのです。

見返りを求めるからこそ、見返りがないときに不満になるのです。そしてそんな不満が募れば、やがては大きなストレスへと変わっていくのだと思います。

自分が誰かにしてあげたことは、いつまでも心に留めてはいけないということです。

誰かのために、何かをしてあげたことは、終わった瞬間に過ぎ去ってしまったことです。終わった瞬間に忘れてしまうくらいがいいのです。

反対に、誰かにしてもらったことに対する感謝は、ずっと忘れないくらいの気持ちをもつことです。いつかお返しをしようという心を忘れないことです。

互いにそういう思いでいることが、生きやすくするために大事なのだと思います。

誰かに優しくしてあげたいという気持ちや、何かをしてあげたいという気持ちは、本来自然に心に芽生えてくる感情です。その一瞬の心には、計算や損得勘定などありません。その一瞬の思いに素直になることです。

優しくしてあげたいと思ったら、すぐにそれを行動に移すこと。あれこれと先のことに目を向けるのではなく、一瞬の正直な心を相手に差し出せばいいのです。

その純粋な優しさはきっと相手に伝わり、心からの「ありがとう」という言葉が返ってくるはずです。その言葉によって、自分自身もまた優しい気持ちになることができるのです。

そんな純粋な一瞬の優しさこそが真実であり、そういう優しさのやり取りが人生の支えとなるのです。

死を恐れていませんか?

死とは、
生の延長線上にあるのではありません。
まったく別の世界のものであり、
恐れる必要もないものです。

この世に生を受けた私たちは、必ず死を迎えるときが来ます。死が訪れない人など一人もいません。これはこの世の真実です。

そんなことは百も承知のはずですが、多くの人はそのときを恐れます。

ある高僧の逸話が残されています。その高僧は悟りを開いたとされ、多くの弟子たちから尊敬されていました。

やがて高僧も年を重ねて、ついにその日を迎えるときが来ました。多くの弟子たちが最期を見届けようと、高僧の枕元に集まりました。そして弟子たちは信じていました。「これほどの僧侶なのだから、きっと死をも恐れることはないだろう。どのような見事な死を迎えるのだろう。きっと堂々とした最期を迎えるに違いない」と。

そう思って見守っていたそのとき、高僧ははっきりとした声で言ったのです。

「死にとうない」と。

悟りを開いたとされる高僧でさえ、死とは怖いもののようです。それはなぜなのでしょう。

死んだあとの経験を語ってくれる人は誰もいません。それが未知であるからこそ、人は恐怖を覚えるのでしょう。

そしてもう一つ死を恐れる要因としてあるのは、死が生の延長線にあると考えてしまうからです。

生の世界と死の世界はつながっているもので、生きているときの思いは死んでもなくならない。あるいはこの世に思いを残したままで死ぬこともある、と。そんな考え方が死をさらに恐れる原因となっているのだと私は思います。

道元禅師の『正法眼蔵』の中に「生死《しょうじ》の巻」という巻があります。そこには薪《たきぎ》と灰のたとえが記されています。

「薪は薪の法位に住して　さきあり　のちあり。（中略）灰は灰の法位にありて　のちあり　さきあり」

つまり、薪を燃やせば、それはやがて灰になります。そこで人間はつい考えてしまうのです。薪が燃えたものが灰になるのであって、その二つは延長線上にあるものだと。

ところが道元禅師はその考え方は違うと言っています。薪のときには薪としての存在があって、灰になれば灰としての存在がある。つまり薪と灰とはまったく別の世界のものであると言っているのです。どちらも絶対的な存在であるのだと説いておられる。

少し難しい話になりましたが、道元禅師が教えていることは、生きているときには死をいたずらに恐れることをせず、ただ今生きているということのみに目を向けなさいということなのです。

病気になったらどうしよう、平均寿命まで生きることができるだろうかなどと、思い煩うことをせず、とにかく今生きていることに感謝し、やるべきことを必死になってやっていけばいいということです。

そんな思いで生きてこそ、死をも恐れない生をまっとうすることができるのです。

昔は幸せだったと思っていませんか？

つらいときにも、苦しいときにも、
そのときにしか味わえない
幸せがあります。
人生に「悪い日」など一日もありません。

若かった頃のことを思い出して「ああ、あの頃は楽しかったな」と思うことは、誰でもあるでしょう。結婚したばかりの頃を思い出して「あの頃は幸せだったな」と呟いたり、甘い思い出に心を遊ばせたことは一度や二度はあるのではないでしょうか。

楽しかった日々を思い出すことは悪いことではありません。そんな日々があればこそ、苦しいときに立ち向かうこともできるですから。

しかし、思い出ばかりに心を寄せてはいけないと思います。二度と返ってこない日々を追い求めても仕方がありませんし、ましてその行為は、今の自分に失礼なように思うのです。

たとえば学生時代はキラキラと輝いていた時間でしょう。時間は無限にあるように過ごし、何にも縛られずに毎日を気ままに送ることができたかもしれません。

しかし、そんなときを振り返り、今を嘆く必要があるでしょうか。

考えてみてください。もしも四〇歳を過ぎている人にとって、有り余るほどの時間があることが幸せなことでしょうか。明日の予定が何もないことが果たして充実した日々につながるでしょうか。答えは否です。

今、やることが何もなければ、それは苦しみにしか感じないでしょう。やるべき仕事があること、明日が忙しい日であること、自分を待っていてくれる人がいること……。それこそが今の幸福だといえるのです。

つまり、「あの頃の幸せ」と「今の幸せ」はまったく別のものだと知ることが大事なのです。

結婚したばかりは喧嘩してもなお、相手のことを愛おしく思えるものでしょう。しかし、子どもが生まれれば、また別の形の幸せが訪れます。互いを深く知るようになれば、初めの頃とはまた別の関係が生まれてくるでしょう。

人生は刻々と変化を遂げています。その変化の中では、まったく同じ幸福感が生まれることなどはありません。人生の変化とともに、そして年を重ねるとともに、幸福感もまた移り変わっていくものなのです。

「日々是好日《にちにちこれこうにち》」という禅語があります。有名な言葉ですからご存知の方も多いでしょう。人生には晴れの日も雨の日もあります。楽しい日もあればつらいと思う日もあります。では、晴れの日がよくて雨の日は悪いのでしょうか。楽しい日がよくて、苦しい日は悪いのでしょうか。

ついそう考えてしまいますが、実はどちらもが「好日」であるのです。

幸福とは楽しい日々の中にだけあるのではありません。苦しいときやつらい日々の中にもたしかに幸福は宿っているのです。苦しいときにしか見ることのできない風景もあります。つらい日々があってこそ、それを乗り越える力がついていくのです。

もっと言えば、人生の中に「悪い日」など一日たりともないということです。幸せだったあの頃の陰にも、必ず苦しかったあのときが存在しているはず。楽しいだけの日々など幻想に過ぎないのです。そうであれば、今この瞬間を含めて、すべてが幸福であるのです。

人生を思い通りにしようとしていませんか?

思い通りにするために、
他者を引きずり込んではいけません。
思いは人に押しつけるものではなく、
伝えるものです。

人はみんな、自分自身の思いがあります。そしてその思いを大切にするあまり、自分の思い通りにことが運ぶことが最善だと考えます。そして自分が描いた通りの人生を送りたいと誰しもが願うのです。

では、思い通りの人生とは何なのでしょうか。女性の場合、三〇歳までには結婚して、キャリアを十分に積んでから出産して、四〇歳で自分の家をもち、子どもはそこそこの学校に通わせて、将来は大企業に就職させたい。そして定年後には自然豊かな土地に移り住んで、のんびりと生涯を終えたい……。こんな小説のようなストーリーを作り、その通りになることを願っている。もしも本当にこの青写真の通りに人生が決まっているのであれば、もう人生を楽しむことはできないのではないでしょうか。結果は見えているのですから。

しかし、どんなに思い描いたところで、その通りに実現することはありません。なぜならば、その「思い通り」の中には、あなた以外の、あなたの力が及ばない他者の人生が関わっているからです。

いくらあなたが強い意志を抱いていたとしても、それがそのまま他者に受け入れられるはずはありません。子どもは思い通りには育ちませんし、伴侶を思い通りにすることなどできるはずもないからです。

そのことを忘れて、自分の思いの中に、他者を引きずり込もうとしてしまう。そして思い通りにならないときには落ち込んだり、誰かに当たったりする。このようなことは、まったく無意味で滑稽なことだと私は思います。

人生はけっして思い通りに運ぶものではない、ということをしっかりと心に留めておくことです。

思い通りにならないからこそ、そこに面白さがあるのです。思い通りに運ばないことで悩むからこそ、生きる力も知恵もついていくのです。

そしてもう一つ大事なことは、自分の「思い通り」を他人に押しつけてはいけないということです。たとえそれが家族や子どもであったとしてもです。

親はつい、子どもに対して自分の思いを押しつけようとしてしまいます。「自分はこの道で幸せだったのだから、あなたもこの道を歩きなさい」と。

しかし、その幸福とはあなただけのものに過ぎないのです。あなたの幸福と子どもの幸福は別のものです。あなたの知っている幸福とは、あなたが歩いてきたたった一つの道にあったものに過ぎません。

人生の道は、数えきれないほどあるものです。人の数だけそれはあるものなのです。

一方で、思い通りに生きる素晴らしさもあります。しかしそれは、周りの人に自分の思いを押し通して成し遂げることではありません。言ってみれば、それぞれの人が心の奥にもっている志を伝えることです。

自分は人生をどう生きようとしているのか。どのような心をもって生きているか。その志をこそ伝えることです。

「思い」とは押しつけるものではなく、伝えるものなのです。

本当の自分を知っていますか？

私たちは、立場や役割の数だけ、
自分がいます。
「では本当の自分はどこにいるのか」
それを考えることが、
とても大切なことです。

私たちは社会で生きている限り、さまざまな役割を担っています。その役割は立場と言ってもいいでしょう。仕事場に行けば自分に与えられた立場があります。自分の思いと違うことがあったとしても、立場上、果たしていかなければならないこともあります。

家に帰れば、また別の自分がいます。夫や妻としての自分や、父親や母親としての自分。あるいは近所づき合いの中にも、会社とは別の自分が存在しているものです。「これは本当の自分ではないな」と感じつつも、与えられた役割を演じなくてはなりません。

それが社会で生きるということですが、人によっては、それがまるでウソをついているように感じられて後ろめたく思ったり、そんな自分を好きになれないと思ったりするかもしれません。

しかし、あなたが今背負っているたくさんの役割や立場も、あなた自身です。「本当の自分は違う」と言う人もいますが、そうではありません。

すべての役割や立場を演じているあなたも、あなた自身です。それは拒否することはできませんし、途中で放り出すこともできません。

子育てが嫌になったからといって、子どもを放り出すことはできないでしょう。つまり、あなたが背負っているすべての役割や立場こそが、あなたという人間を作り上げているのです。

そう考えると、自分に与えられた役割を軽んじてはいけないということです。多少自分の思いとずれていても、どこかに折り合いをつけていくことです。

ただし、あなたが今抱えている立場や役割が、あなたのすべてではないということも意識しておくことが大事です。社会で演じている自分とは別に、ちゃんと自分というものがまた存在しているということを、忘れないようにすることです。


「では、自分とはいったい何者なのか」、「本当の自分とはどこにあるのだろうか」と、ときに人は立ち止まることがあります。

「そんなことを考えても仕方がない」と言う人もいますが、私はこの問いかけはとても大切なことだと考えています。

きっとその答えは明確には見つからないでしょう。しかし、答えが見つからなくてもいいのです。ときに立ち止まって自問自答してみる。その行為こそが大事なことなのです。

もう一人の自分は、必ずあなたの中にあります。いっさいの束縛から解放された自分の姿です。私たち僧侶は、そんな自己と出会うために修行を重ねているのです。

忙しい日々の中にも、ほんの少しの空白のときをもつことをお勧めします。そして、もう一人の自分を探してみてください。それが心を解放してくれるのです。

両親への思いを大切にしていますか？

自分がしてもらったことを思い出し、
「おかげさま」という
感謝の心をもつことです。
していただいた恩に報いることが、
人の道です。

最近では、改めて家族を見直す書物が多く出版されています。中には家族をマイナスに捉えた書物もあるようです。

たしかに、まったく問題のない家族はないでしょう。もっとも近い存在であるがゆえ、どうしても衝突するものです。親子の思いがすれ違ったり、さまざまな葛藤や悩みが生じるのも事実です。離れられない存在であるがゆえに、その葛藤はさらに大きくなっていくものです。

しかしそれは今に始まったことではありません。家族の悩みや葛藤など昔からあるものです。

二度と顔を見たくない、縁を切ってしまいたいと思う瞬間もあるかもしれません。それでも最後には、もう一度思い出してみてください。あなたがこの世に生を受けたのは、両親のおかげであることを。

奇跡のような出来事がなければ、今のあなたは存在していません。そんな自分の原点に目を向け、感謝の気持ちを忘れないことです。

「恩」という字は原因の「因」の下に「心」と書きます。すべての物ごとの結果には原因（因）があります。自分にとってその「困」とは何かを考えること。そしてその「因」に感謝の気持ちをもつこと。それが「恩」という文字がもつ意味です。

もっと簡単に言うと、自分がこれまでしてもらったことを思い出し、そこに「おかげさま」の気持ちをもつことなのです。

私たちは何もできない赤ん坊のときから、さまざまな人のおかげで成長することができました。両親の愛情のおかげで一人前に成長することができたわけです。

その両親への恩を忘れることは、すなわち生きることへの感謝を忘れることと同じなのです。

仏教の経典には次ような一文があります。

「人の人たる道は恩を知り、恩に報いることである」

人間が人間らしく生きるということは、すなわちこれまでに受けてきた恩に報いてこそである、という意味です。それができない「恩知らず」は、人間の道ではないということです。

そのような、人としてもっとも大切な感謝の心を思い出させてくれるのが、やはり両親であると私は思っています。

人生で道に迷ったり、本来の自分が見えなくなったりすることもあるでしょう。立ちすくんで前に進むことができなくなることもあるものです。そんなときにこそ、両親に会いに行くことです。

具体的な相談をするわけでもなく、かといって強がりを言う必要もありません。そんなことも全部、両親はあなたの心をお見通しです。

母親の前で偉そうなことを言っても通用しません。そこには等身大のあなたの姿が現れるからです。そうして本当の自分の思いを取り戻すことができるのです。両親の傍にただ静かに座っている。そんな時間に得られる気づきは多いものです。

人の幸せを願っていますか?

人のために心を尽くし、
人のために言葉を発し、
人のために行い、
人の気持ちになって考える。
自分を愛するように、
人を愛することが大切です。

仏教の言葉の中に「四摂法《ししょうぼう》」という言葉があります。人がこの世で生きていくうえで大切な四つの心のことです。

一つ目は「布施」。自分のことはあと回しにして、相手のために尽くす心のことです。

二つ目は「愛語」。人に対して、慈しみある言葉を向けることです。言葉は相手に意味を伝えるだけではありません。自分の心も伝えるものです。ですから、汚くて乱暴なものではなく、相手を喜ばせ慈しむ言葉を使うほうがいいのです。

意地悪なことをしなければ、何も言葉まで気を遣う必要はないと思う人もいるかもしれませんが、それは違うと思います。その人がどんなに心がきれいだと言っても、乱暴な言葉は、やはり乱暴な心を表しているものです。心の美しい人は、そもそも言葉も美しいのですから。

三つ目は「利行《りぎょう》」。常に相手のためになる行いをすることです。人間の心には自己中心的な部分が必ずあります。相手のためと言いつつも、どこかで自分のことを考えている。自分自身がいい気分になったり、得をすることを望んでいたりするものです。それらをいっさい捨て去ることは難しいでしょうが、それでも相手のことを第一に考える心をもつことです。

そして四つ目は「同事」。相手と同じ気持ちになって考えるということです。まったく同じ気持ちになることはできなくても、できる限り想像力を働かせて、相手の気持ちに寄り添うことです。

この「四摂法」が実践できる人のことを仏様と呼びます。もちろん私たちが完全にこの仏様の境地になることは無理ですし、またそうなる必要もないと思います。けれどもこの四つのことを心に留めておくだけで、目の前の状況は変わっていくと思いますし、またみんなが心がけることで、世の中は美しいものになると思うのです。

自分の思いを大切にすること。それは生きていくうえでとても重要なことです。自分自身を愛せない人は他者を愛することもできないでしょう。自分自身を慈しむ心がなくては、人は生きてゆけないのです。

ただし、その思いを押しつけ合ってはいけないということです。自分のことをわかってもらいたいのであれば、まずは相手をわかる努力をしなくてはいけないということです。自分のことを認めてほしいと思うのであれば、まずは相手のことを認めなくてはいけないということです。

自分の思いをいちばんにしながらも、行動をするときには相手をいちばんに置くこと。そんな心がけこそが大事なのです。

世の中は理不尽にあふれています。人間の力ではどうしようもないことも起こります。どんなに科学が発達しようが、地震や津波を防ぐことはできません。そんな理不尽に立ち向かう力と智恵。それが「四摂法」の心だと私は思っています。

第5章

生きるとは、可能性にあふれていること

本当にやりたいことは何ですか？

幼い頃、夢中になっていたことを
思い出してください。
きっとそれが、
あなたが本当にしたかったことです。
思い出せたら、チャレンジしてみる。
まず始めてみることです。

何か情熱を傾けられることをしたいけれど、それが何かわからない。今やっている仕事は、自分が夢中になれる仕事なのか。今の暮らしに、とりたてて不満があるわけではないけれど、どこか充実感を得ることができない……。そんな漠然とした不満を抱えながら生きている人が多いと聞きます。

ひと言で言えば、何とも贅沢な悩みであると思います。

毎朝目が覚めて、窓を開けて外を見る。天気のいい日には心地よい風が頬を撫でてくれます。雨の日には優しい雨の匂いが部屋の中を包んでくれます。

一日が始まり、今日やるべき仕事もあるでしょう。家族のために家を守るという役割もあるでしょう。

考えてみてください。そんな幸せなことがあるでしょうか。今こうして生きているという幸福感。そのことに目を向けて、感謝の気持ちをもつだけで、余計な不満はなくなると私は思っています。

それでも「そんなことは十分にわかっています」と言い「自分が思い切り夢中になれる何かを見つけたいのです」と言う人がいます。

そういう人たちに、私はいつもこんなアドバイスをします。「あなたが幼かった頃のことを思い出してはいかがですか」と。

幼い頃、誰もが夢中になっていたことがあるものです。お人形遊びが大好きだった人や、外で走りまわることが好きだった人もいるでしょう。家に帰る時間も食事すらも忘れて、何かに夢中になっていたあの頃。そこには何の計算もありません。損得勘定や計らいごとなど入り込む余地などありませんでした。ただただ自分の好きなことに夢中になっていたはずです。そんな純粋な心を思い出してみることです。

中には、その頃に夢中になっていたことの延長線上で今の仕事をしている人もいるでしょう。絵を描くことが大好きで、今は画家になっている。お菓子作りが大好きで、今はパティシエや和菓子作りの職人になっている。そんな幸せな人もいますが、それはほんの一握りだと思います。ほとんどの人は夢中になっていたことから離れ、別の世界で生きているものです。

かといって、かつて情熱を傾けていたことを諦めることはありません。インターネットの発達により、活動できる場をもつことや仲間と出会えることなど、情報収集は昔よりずっと簡単にできるようになりました。たとえ収入に結びつかなくても、趣味としてでも、とにかく始めてみることです。または、小さい頃に憧れていた仕事にチャレンジするのもいいでしょう。

成長するにつれて、私たちは情熱を傾けていたものを忘れてしまうものです。「それよりも大事なこと」があるように思い、それを優先することが大人になることだと思ってしまうのでしょう。

でも、損得勘定など持ち込まず、他人の目など気にせずに、幼い頃に夢中になった自分を思い出して、正直に生きてみてはいかがでしょう。

昔のアルバムを開いてみてください。そこに写っている自分の満面の笑顔を見てください。その一枚の写真の中に、きっとヒントが隠されているはずです。

やる前に諦めていませんか?

「どうせ」という言葉のかわりに、
「もしかしたら」と言ってみましょう。
生きているということは、
可能性があるということです。

若い頃に抱いていた夢や、いつかやりたいと心に温めていたことが、いつの間にか陽炎《かげろう》のように薄れてしまっていることがあります。年齢を重ねていく中で、ふとそんな昔の思いを思い出したとき、つい口に出してしまいます。「どうせこの年齢から始めてもできるはずはない」と。

年齢を重ねるということは、すなわち経験が増えていくことです。経験が増えることはいいことでもありますが、経験が足かせになることもあります。自分ができることと、できないことを判断してしまうことです。これまでの経験から、勝手に自分で判断してしまうのです。

若い頃は、誰でも怖いもの知らずなところがありますから、好奇心いっぱいにチャレンジすることができるものです。そして、明確な根拠などなくても、やればできると信じることができました。これこそが若さの素晴らしさです。

しかし、この素晴らしい自信が年齢とともに失われていきます。

それはどうしてなのか、答えは簡単です。自分自身で、勝手に失わせているからです。

挑戦してみたいと思っても、失敗を恐れて、自分でその芽を摘んでしまうのです。「どうせ」という言葉で言い訳をしながら、やりたいことと正面から向き合うことをしないのです。それはとてももったいない行為だと私は思います。「どうせ」という言葉を心から追い出してみましょう。そして代わりに「もしかしたら」という言葉を引き出してください。「もしかしたらできるかもしれない」「もしかしたら夢に近づくかもしれない」。

この言葉こそが、あなたの人生を輝かせてくれるのです。

「夢を叶える」という言い方があります。この言葉を聞くと、ほとんどの人は一〇〇パーセント夢を叶えることを思い浮かべるでしょう。一〇〇パーセント叶えることに意味があるのだと。

しかし、そんなことなどぜったいにありません。成功を収めて、大きな夢を実現させた人たちでも、おそらく彼らの夢は六〇パーセントか七〇パーセント叶っているくらいだと思います。

なぜなら、もしも夢が一〇〇パーセント叶ってしまえば、もう生きている意味すらなくなってしまうことになるからです。

そういう意味で、夢とは人生を歩き続けるためにこそあるものなのでしょう。人生は「どうせ」と言うのではなく「もしかしたら」と思って進むことです。歩き出すことで、きっと夢に近づいていくことでしょう。

それは本当に小さな歩みかもしれませんが、それでも、歩き続けることで確実に夢に近づいていることだけはたしかです。実現するのは少ない可能性かもしれませんが、言いかえるとすべての人に、すべてのことに可能性はあるということです。

なぜならば、私たちは今こうして生きているからです。生きているということは、すなわち可能性があるということだからです。

もしかしたら、夢は叶うかもしれない。そう信じることからすべては始まります。

何かに挑戦してきましたか?

挑戦することを、
大げさに考える必要はありません。
大海を作ろうとするのではなく、
小さな池を、たくさん作ればいいのです。
小さな池は、小さな一歩から生まれます。

死を目の前にしたとき、人はどのような後悔を抱くのでしょう。まったく後悔のない人生などありません。それぞれの人が少なからずの後悔を残して旅立っていくものだと私は思っています。しかしそれは、けっして悪いことではありません。一生懸命に生きようとするからこそ生まれる念が、後悔というものだからです。

ある緩和ケアの医師が、死を前にした患者さんたちの声を聞き取ったそうです。それによると、もっとも多かった後悔は「挑戦しなかったこと」というものでした。自分が本当にやりたかったことに挑戦しなかった、ということです。もしも思い切って挑戦していたら、人生はまた別の方向に向かったかもしれない。もっと豊かな経験ができたかもしれない。挑戦していたら、こうして後悔することにはならなかっただろう……。そういう思いなのでしょう。

死を目の前にしていなくても、これまでの人生を振り返り、挑戦しなかったこと、挑戦してこなかった自分の人生を後悔している人もいるでしょう。そんな人に、少しのアドバイスを送りたいと思います。

まずは挑戦という言葉を、あまり大きく捉えないことです。「何かに挑戦することはとても勇気が必要で、中途半端な気持ちでできるものではない」。そんなふうに決めつけて、自らハードルを上げている人が多いように思います。

さらには、挑戦の先には「成功」という文字が浮かんでいます。厳密に言うと「やるからには成功しなければ」という思いです。成功までの道のりを前にしたとき、「とても自分にはできない」とたじろいでしまう人が多いのではないでしょうか。その結果、挑戦することなく諦めてしまうのは、とてももったいないことだと思います。


「大海も一滴の水から。大山も一つまみの砂から」という言葉があります。どんなに大きな川も、その始まりは一滴の湧水から始まります。その一滴が積み重なって川となり、やがては大海へと育っていく。大きな山も、一つまみの砂や小石が積み重なってできるものです。何かに挑戦して一歩を踏み出すことは、それと同じことなのです。

先のことなど思い浮かべることなく、まずは最初の一滴から始めることです。一滴や一つまみくらいならば、すぐにでも始めることができるはずです。もしかしたら、その一滴が川とはならないかもしれません。小さな水たまりで終わってしまうかもしれません。それでもいいのです。

やりたいことに挑戦することなく後悔を残すよりも、小さな水たまりをたくさん人生に残すことです。もしかしたらそれは、小さな池くらいにはなるかもしれません。人生の中に作ってきた小さな池。その数こそが、生きてきた証でもあり、満足感につながっていくのです。

「而今《にこん》」という禅語がありますが、今という瞬間を生きるという意味です。思い立ったら、あれこれ考えることなくまずは行動に移すことです。

やりたいことがあるのであれば、まずは小さな一歩を踏み出してみる。その場に立ちすくんで一歩を踏み出さないことが、やがては後悔になっていくのだと思います。

向き不向きにこだわっていませんか?

人がしていることに、
向き不向きはありません。
それを考えるよりも、
目の前のことに集中することです。

私は「禅の庭」の作庭のために、年に何回も海外を訪れます。あるとき中国で知り合った人からこんな話を聞きました。

日本に知る人ぞ知る著名な家具職人がいるそうです。彼の作り出す家具は素晴らしく、到るところからの注文が絶えません。

毎年彼のところには多くの弟子志願者が集まってくるそうです。彼らの中には本心から家具職人になりたいと願う者もいれば、家の都合で仕方なくやってくる者もいるそうです。真剣に家具を作りたいと思う人間ばかりではないようです。

彼のところに弟子入りすると、男性も女性もすぐさま全員が丸坊主にさせられるそうです。そしてその生活はまさに家具作り一色です。朝早くから夜寝るまで、すべての時間を家具作りに費やすそうです。休日にも遊びに出かけることなく、それぞれが家具の勉強に励みます。そして一週間に学んだことをノートに書いて、毎週親もとへ送ることが決まりとなっているそうです。まるで僧侶の修行と同じような日々を過ごすのだと言います。

初めは中途半端な気持ちで弟子入りした者も、数年もするうちに目がきらきらと輝いてくるそうです。そうした厳しい修行を積んだ弟子たちは、誰もが素晴らしい家具職人として巣立っていきます。

その話をしてくれた中国人の方は、「日本にまだこのような教育が残っているのは、すごいことです」と言いました。中国にはそのような教育はすでになく、中国人はこれを見習わなければいけない、とおっしゃっていました。

私も同じように驚いたと同時に、ふと現代の一般的な日本人の姿を思い浮かべました。

勤勉な日本人は、かつては一生懸命に仕事をしてきました。脇目も振らずに働いてきました。ところが豊かになるにしたがって、余暇を楽しむという発想が当たり前になってきました。

もちろんそれは素晴らしいことでもありますが、その一方で余計な悩みを生む原因にもなっているような気がするのです。

余暇というのは「暇を持て余す」と書きます。この暇な時間に、いらぬ悩みが潜むような気がするのです。

目の前の仕事にだけ目を向けていれば、ほかのことなど考える暇がありません。一つの目標に向かって走っているときには、不要な欲望などは湧いてきません。まさに先ほど紹介した家具職人のように、ただただ家具作りにだけ心を尽くすようなものです。


果たして自分に今の仕事が向いているのだろうかとか、もっとほかに自分に向いている生き方があるのではないかなど、そんな悩みを抱えている人がいるとすれば、それは目の前のことに集中していないからではないでしょうか。

私は人に向き不向きなどないと思っています。得意なことや不得意なことはあるでしょうが、それは自らの努力と覚悟で克服し磨き上げていくものです。

向き不向きを考えて動かずに後悔を感じるよりも、目の前のことに集中することが何よりも大事なのです。

生きた証《あかし》を残していますか?

「自分はたしかに生きていた」
という証は、
形に残るものではありません。
自分の人生を語ることが証となり、
その魂は受け継がれていくのです。

この世に生を受けた限り、私たちはこの世に自分が生きた証を残したいと願うものです。「たしかに自分という存在がこの世にいた」という証です。これは人間がもつ本能的な欲望なのかもしれません。

それは我が子であったり、あるいは仕事の実績であったり、また家やお金などの財産であったりもするでしょう。何とか形として証を残そうとします。しかし、そうであるのなら、子どもがいない人には生きた証が残らないのでしょうか。仕事に明白な実績がなかった人には証がないのでしょうか。財産がない人たちは生きた証を残すことができないのでしょうか。

それはまったく違います。私たちがこの世に生きた証というのは、けっして物や形ではないはずです。そんな薄っぺらなものではないのです。

禅僧になるためには、雲水という修行期間が課せられます。この雲水期間は、何年と決められているわけではありません。一人前の僧侶になるために、明確な基準などないのです。まして雲水の終了証書など、あるわけがありません。

ではどうすれば一人前の僧侶として認められるのでしょう。それは、師が一人前だと認めた時点で、正式な僧侶になることができるのです。「もうこの人間は、僧侶として一人前にさせてもいいだろう」と、師が心から思ったときに雲水から一人前の僧侶にさせてもらえるのです。

一人前だと師が判断すると、「伝法」と呼ばれる儀式を行います。伝法というのは、延々と受け継がれてきた仏様の考え方、所作を伝える儀式です。

そしてこの伝法にも、何か形があるわけではありません。法が記された教科書のような書物があるわけでもありません。

伝法は形がある何かを渡すことではなく、無形の「教え」を師から弟子へと伝えていくことなのです。

仏教はこうして延々とその考え方を受け継いできました。

私たちがこの世に生きてきたという証もまた、伝法のように、形あるものではないと私は思っています。我が子に残すべきものは、財産や家屋などではないのです。まして会社で築いてきた肩書きを自慢げに語ることではありません。自分はどのように人生を歩んできたのか。何を信じて生きてきたのか。苦しいときにどのように立ち向かってきたのか。そんな生きざまを語ることです。そんな両親の言葉こそが、子どもの生きる力になるのです。

子どもがいないのであれば、後輩や周りの人たちに語っていくことです。自分の考えを押しつけるのではなく、ただ自分が歩いてきた道のりを語ればいいのです。

そしてもしも自分自身が道に迷ったときには、人生の先達《せんだつ》の話に耳を傾けることです。そこには生きるためのヒントがちりばめられています。

人間とは、そのようにしてつながってきました。こうして魂は受け継がれていくのです。

心に余裕をもって暮らしていますか？

心の余裕は、
時間の余裕とは違います。
「やらされている」と思っている限りは、
心に余裕は生まれません。
主体的に生きることで、
心が楽になるのです。

第5章
生きるとは、可能性にあふれていること

日々の忙しさの中で、時間がないと嘆く人は多くいます。仕事や家事に追われるあまり、自分のやりたいことができないと言います。そして心に余裕がないから、好きなこともやる気にならない、と。

しかし、それは単なる言い訳に聞こえます。

そもそも時間的な余裕とは何なのでしょうか。一つの仕事をするのに、有り余るほどの時間が与えられているとしましょう。それが果たして時間の余裕といえるのでしょうか。また、時間に余裕があれば、心の余裕も生まれるのでしょうか。

それは違うと私は考えます。たとえば三時間で一つの仕事をしなければならないとしましょう。そうなればたちまち心に負担がかかってきます。

この心の負担は何で生まれるかというと、それは心の中に「この仕事をやらされている」という思いがあるからです。

人間の心とは、何かに強制されれば息苦しくなってくるものです。たとえ簡単な仕事であっても、それが強制的にやらされていると感じた瞬間、余裕が失

われていきます。

好きなことをしている時間は心に余裕があります。たとえば趣味のテニスは、たとえ一時間しかなくても、何とかしてやろうとするでしょう。時間的には忙しくなりますが、心の余裕はあります。それは自分が主体となってテニスを楽しんでいるからです。

もしもこの一時間のテニスを、強制的にやらされているとしたら、いくらテニスが好きでも心の余裕は生まれません。

要するに心の余裕というものは、時間があるなしの問題ではなく、自身の気持ちの持ちようから生まれるものなのです。

自らが主体となって生きること。これが禅の教えです。

たとえやりたくないと思う仕事でも、やらされていると考えるのではなく、自らが主体となってやるという気持ちで向き合うことです。

自分はこの仕事をさせてもらっている。そうならば、自分なりに考え抜いて、できる限りいい仕事にしていこう。そう思うことで、きっと目の前の仕事に前向きに取り組めるのだと思います。人間とはそういうものです。

そもそも時間というものは、人間が考え出したものに過ぎません。社会生活を営むうえで便利だからという理由で、時間という概念は生まれました。それは便利なものではありますが、けっしてそれに支配されてはいけないと思います。

本来は時計などなくても、大自然がときの流れを教えてくれます。朝になれば日が昇り、夕方になれば沈んでいく。頬を撫でる風の冷たさ、暖かさが季節の移り変わりを教えてくれます。木々や花々が四季を伝えてくれます。

もしも今、あなたの心が余裕を失っているのであれば、周りの自然に目を向けてみてください。自然が心を癒してくれます。時間は時計の針だけが示すものではありません。

自分を変えたいと思っていますか？

自分を変えたいと思うとき、
理由を周りに求めても仕方ありません。
どんな自分でありたいのか、
答えは自分の中にしかないのです。

自分のことをあまり好きではない、そんな自分を変えたいと思っている人がいます。いつも不平や不満ばかりが口から出てしまう、前向きな気持ちになれず、環境や周りの人のせいばかりにして、余計に鬱々《うつうつ》としてしまう自分が好きになれない。だから自分を変えたいと思っている人は少なからずいるものです。

そういう人たちには共通点があります。

そういう人たちの目は、いつも外の世界に向かっていることが多いということです。

たとえば今の仕事に不満がある、職場の環境が嫌だと思っている人は、まず仕事を変えることを考えます。新しい職場に行けば、自分はもっと輝くことができるはずだと思うのです。

あるいは人間関係でも同じことが言えます。同僚や友人と意見が合わなければ、相手のせいだ、相手が間違っていると思ってしまう。自分が相手に合わそうとするのではなく、相手がこちらに歩み寄ってくれることを望んでしまうのです。

それでも相手が変わってくれなければ、もうその関係は壊れてもいいと考えてしまう。恋人ならば別れてしまうということになるのです。

結論から言えば、周りを変えたところで、自分の本質は変わることはありません。たしかに転職をすれば、一時は変わったような気がしますが、時間が経つにしたがって、やっぱりここも違うと思うようになります。

それは当たり前のことです。自分自身が変わっていないのですから、いくら周りの環境が変わったとしても、結局は同じことを繰り返すだけなのです。新しい人間関係ができたとしても、自分が変わらなければ、やがては不満が顔を出してくるものです。

すべての原因は、自分の心の中にあることに気づいてほしいと思います。

「無事是貴人《ぶじこれきじん》」という禅の言葉があります。「無事」とは、健康であるとか平穏であるという意味ではありません。

「無事」とは自分の外側に原因や責任を探すのではなく、自分自身の中にそれを求めるという心です。すなわち周りに救いを求めるのではなく、自身の心に救いを見出していくということです。

それが仏様に出会うということです。そんな姿勢こそが、貴い人へと導いてくれるという教えなのです。

「どんな自分でありたいのか」「今の自分をどのように変えたいのか」。それらの答えはすべて自分自身の中にしかありません。誰かが教えてくれるものでもないですし、誰かに指示されることでもありません。自問自答の中からしか、その答えは見つからないのです。

自分を変えたいと願っている人は、まず自分の中の何を変えたいのかを見つけてください。漠然と変えたいと思うのではなく、変えることのできる部分を探すことです。

それが見つかれば、もうあなたは変わり始めているようなものです。

自分の身の丈を知っていますか？

身の丈を見失うことは、
自分の幸福を見失うことです。

「身の丈」という言葉があります。昔から日本人は、この「身の丈」を大切にしてきたような気がします。

自分の収入に見合った暮らしをすること。自分の力量の範囲内で仕事をすること。そして身の丈以上のものをいたずらに望まないこと。それこそが平穏で満ち足りた人生なのだと。

身の丈に合った暮らしというのは、とても心地よい生き方だと私は思っています。ところが現代は情報化の社会です。さまざまな情報が求めなくても入ってきます。あの人は、こんな贅沢な暮らしをしている。周りの人はこんな高価な買い物をしている。世の中には、自分が味わったことのないような美味しい食事がある……。それらを見たり聞いたりするにつけ、羨ましい気持ちが湧いてきます。自分も同じようなことをしたいという欲が芽生えてくるのです。

もちろんそれが叶うだけの状況であれば、そうしてみるのもいいでしょう。しかし、そこで背伸びをしようとする人がとても多い気がします。

少しくらいの背伸びでとどめられればいいのですが、やがてその欲は膨張を始め、本来の自分の姿を見失うことになる人もいます。

自分の身の丈を見失うことは、すなわち自らの幸福感を見失うことと同じなのです。

ある男性作家が、エッセイで次のようなことを書いていました。

彼は売れっ子作家であるにもかかわらず、つつましい生活を送っていました。戦争を知っている世代ですから、無駄な贅沢などしたくないという信念があったのです。

あるときその作家が講演を頼まれて、地方に行ったときのことです。講演を終えると、主催者の人が車でホテルまで送ってくれました。その地方でもいちばん高級なホテルで、しかも案内されたのはスイートルーム。主催者側が気を遣ってくれたのです。

日頃から仕事で地方に出かけるとき、彼が自分で手配するのはごく普通のビジネスホテルです。もちろん一人ですからシングルルームに泊まります。

一人でスイートルームに残された彼は、何となく落ち着きません。二つの部屋を行ったり来たりする。据えつけられている調度品も立派なものばかりで、クローゼットを開けてみたり、デスクの中を覗いてみたり。せっかくこんない い部屋に泊まれたのだから、眠るのはもったいないと、用もないのに遅くまで起きて、少しのお酒を飲んでみたりもしました。

いざベッドに入っても、サイズが大き過ぎて何となく落ち着きません。結局は熟睡できずに、寝不足のまま翌日を迎えることになったのです。

そこで彼はつくづく思ったそうです。「この立派な部屋は、自分の身の丈に合わないな。早く家に帰ってゆっくりとくつろぐことにしよう」と。

とても心温まる話だと私は思いました。そしてこの作家は、自分の身の丈を知っている、幸せな暮らしをしているのだと感じたものです。

幸福は、それぞれの身の丈の中にこそある。私はそう思って生きています。

美しく年を重ねていますか?

年を重ねることとは、
若い頃にはできなかった役割を
果たしていくということです。
そして、心を成長させることです。

第5章
生きるとは、可能性にあふれていること

先日、駅のホームで電車を待っていたときのことです。何かの事故があったらしく、電車が遅れているというアナウンスが流れました。これはどうしようもないことだと思い、私は文庫本を取り出してホームに佇《たたず》んでいました。するとそこに大きな声がしました。若い駅員さんに詰め寄って、いつになったら動くのかと大声で喚《わめ》いている男性がいました。

その男性は、どう見ても私よりも年齢が上のようでした。おそらくは七〇歳近くだろうと思われます。

もし三〇代のビジネスマンが文句を言っているのなら、気にすることはなかったかもしれません。しかし、明らかにそれなりに人生経験を積んだ年齢の人が、若い駅員に詰め寄る光景を見て、何とも悲しい気分になったのでした。

私が子どもだった頃の老人のイメージは、とても穏やかなものでした。喜怒哀楽を露わにすることなく、いつも淡々とした表情で生きていました。体力が衰えて動きは遅くなっても、老人が発する言葉には学ぶべきことが詰まってい

ました。子どもや若者たちが騒ぐその横に立ち、心の動揺をそっと抑えてくれるような、そんな懐《ふところ》の深さを感じていたものです。

年を重ねるとは、このように心が成長することだと私は考えています。三〇歳から四〇歳になり、そして五〇歳を超えていく。人生の経験は自然と積み重なり、みんながキャリアを重ねていきます。

そのキャリアとは、仕事上のテクニックや肩書きばかりではありません。むしろ人生における大切なキャリアとは、心の成長なのだと思うのです。

年齢を重ねたからといって、喜怒哀楽がなくなるわけではありません。人はいくつになっても喜びや怒りの感情から逃れることはできないものです。

しかしながら重要なことは、その感情に心を動かされることなく、常に平常心を保つということ。そんな姿勢を身に着けることこそが、美しい年の取り方なのです。

「閑古錐《かんこすい》」という禅語があります。「古錐」とは古くなって先が丸くなった錐《きり》のことで、「閑」とは静かで心が穏やかな状態をいいます。

何十年も使われて古くなった錐は、道具としては役に立たなくなりますが、先が丸くなった錐には、何ともいえない味わいが宿っています。

新しい錐は先が鋭く尖って、怪我をすることもあります。しかし先が丸くなった錐にはその心配がありません。人を傷つけず、円熟した風格をたたえているその錐は、存在しているだけで新しい錐よりも役に立つことさえあるのです。

年を重ねていくということは、若い頃にはできなかった役割を果たしていくということです。同じように若い人と張り合っても仕方がありません。若者のまねをしたところでみっともないばかりです。

自分の年齢としっかりと向き合い、今の自分にしかできないことを探していく。それが年を重ねていく美しさです。

不要な思いをもち続けていませんか？

思い通りにすることばかりを考えていると、
人生が見えなくなります。
手放してシンプルになることで、
人生で大切なことが見えてきます。

「本来無一物《ほんらいむいちもつ》」という有名な禅語があります。私たち人間は、この世に生まれてくるとき、何ももってはいません。まさに無一物の状態で生を受けます。そして死を迎えるときにも、何ももっていくことはできません。

しかし、成長するとともにいろんな物をもつようになります。大人になれば家や車をもつようになるでしょう。あるいは預貯金も増えていくことでしょう。それは社会で生活するために必要な物ではありますが、果たしてあなたが手に入れたすべての物が、本当にあなたを幸せにしてくれるのでしょうか。

人間の欲望は尽きることを知りません。一つの物を手に入れて、それで満足することはありません。手に入れた瞬間から、また新しい物がほしくなってくるのです。

物だけでなく、心も同じです。念願の家庭をもち、子どもも授かったというのに、今度はいい学校に入れたいと願い、いい会社に入ってほしいと願い、孫の顔も見たいと欲をもってしまう。社会に出れば出世したい、人から認められたいという欲もあるでしょう。

そういう自分の思いに執着して、何から何まで自分の思うままに操ろうとしてしまいます。人の意見に耳を傾けることができなくなり、我を押し通すことばかり考えてしまいます。

いったいどこに欲望の終着点があるのでしょうか。

そんな場所は永遠に見つかりません。いってみれば人間は、留まるところを知らない欲望にとらわれながら、終着駅の見えない旅をしているのです。

途中下車をしてみることです。特急列車で人生の旅をするだけでなく、ときには各駅停車に乗り換えて、途中の駅で降りてみる。そして自分が来た道のりを振り返ってみてください。

果たして自分は欲望ばかりに目を向けてこなかったか。手に入れることだけに執着し、背負った欲の重みで身動きが取れなくなっていないか。自分の思いにとらわれ、その通りにならない人や環境を恨んでこなかったか。

人生の旅路を振り返る心をもつことです。

もしかしたら、自分の思いにとらわれて、人生を見えにくくしているのかもしれません。

自分が心から望む生き方は、大量の欲や感情に隠されて見えなくなっているのではないでしょうか。

自分自身が見えなくなったとき、自分が歩むべき道がわからなくなったとき、そんなときにこそ、手放すことを考えてほしいのです。

不必要なもの、自分の心を縛りつけている我や欲望を捨てて、とにかく心身を今一度、整えることです。心身をシンプルにすることです。

得ることよりも、手放すことに思いを寄せてください。そうすることで、あなたがいちばん大切なものは何か、見えてくるはずです。

おわりに

私たち人間が本当に大切にすべきことは何か、そう考えて原稿を書き進めながら、私はあることを思い出していました。

今から数十年も昔の話になります。

当時の日本道路公団に招かれて、日本における道路作りについて意見を求められたことがありました。新しい高速道路を作る現場に案内され、公団の偉い人から説明を受けたのですが、その人は私にこう言いました。

「ご住職、この山を見てください。私たちはこの山を切り崩して、まっすぐな道路を作ろうとしているのです。おそらく日本の道路作りの技術は世界一だと思います。私どもは東名高速を整備するときにも、何十万立方メートルという山を削ったのですから」

私は彼らに言いました。

「何も無理をしてまでまっすぐな道路を作る必要はないと思います。できる限り自然に逆らわないような形で作るほうが、無理が生じないと思うのですが」

私の言葉に、彼らはぽかんとした表情を見せました。そして理解できないとばかりに私に言ったのです。

「どうして、わざわざ曲がりくねった道路を作る必要があるのですか。まっすぐな道路を作るからこそ、物流が便利になるのですよ。日本はそうして発展してきたのですから」

私は口を閉ざしました。それ以上の議論に出口は見つからないと思ったからです。

たしかに山を切り崩してまっすぐな高速道路を作れば、利便性は上がることでしょう。物流が発達することで経済にもよい影響を及ぼすことになるでしょう。

しかしその反面で、失うものもあるように思います。大切な何かを見失っているようにも感じるのです。

私は何も自然破壊について声高に叫んでいるのではありません。環境を維持することだけがよいことだと決めつけているわけではありません。

ただ私たち人間が、あまりに傲慢になっていく姿を恐れているのです。先人が残してくれた自然や知恵を忘れてはいけないと思うのです。


東北地方の青森から宮城辺りにかけて、一〇〇を超える石塔が昔からあります。その石塔は何のために建てられたのか。それは、ここまで津波が襲ってくる危険があるという目印です。家を建てるのなら、この石塔よりも上に建てなくてはいけないという目印なのです。それは先人たちが後世の時代に残してくれたものなのです。

そして二〇一一年に東北地方を襲った大きな津波がありました。多くの家と人が海に流されていきました。災害のあとに調べてみると、先人が作った石塔を津波が超えることはなかったといいます。

もしもこの石塔に、現代の人たちが目を向けていたなら……。先人の教えを守り、石塔よりも下に家を建てなかったら……。

それを考えても仕方がないことはわかっています。それでも私は、忘れ去られていた石塔の存在をつい考えてしまうのです。

先人の残してくれた知恵や遺志を受け継いでいくことが、人間の歴史を刻んでいくことだと私は考えています。どんなに時代が移ろうと、いかに環境や技術が変化しようと、忘れてはいけないことがあるのではないでしょうか。

目先の利便性や発展ばかりを考えるのではなく、もっと奥深いところに目を向けなくてはいけないと思います。どんな時代になろうが、人間にとって大切なものは変わることはありません。

人生で大切にすべきことは何なのか。その答えを自らが見出すことは、そう簡単なことではないと思います。それが見出せずに、立ちすくんでいる人もたくさんいると思います。

もしも今、その大切なものが見えなくなっているのであれば、少しだけ現実から目を背けて、先人の思いに心を馳せてみてください。先人たちが残してくれた書を読むこともいいでしょう。長きにわたって言い伝えられていることに心を寄せてみるのもいいと思います。

もっと身近なところでは、祖父や祖母の話を聞くこともいいでしょう。たとえ祖父母がこの世にすでにいなかったとしても、心の中で祖父母と対話をすることです。

「こんなとき、おばあさんならどう考えるかな」「おじいさんならどんな行動をとるだろうか」。そこに明確な答えはないかもしれません。答えなど求めなくてもいいのです。大切なことは、いつも自分自身の心と対話をすることです。そしてご先祖様の残してくれた遺志を見つめることなのだと思います。

本書は、自分にとっての大切なものとは何か、それを考え尽くす一冊になってほしい。私はそう願っています。

合　掌

著者紹介

枡野俊明（ますの・しゅんみょう）

1953年神奈川県生まれ。曹洞宗徳雄山建功寺住職、庭園デザイナー、多摩美術大学環境デザイン学科教授。玉川大学農学部卒業後、大本山總持寺で修行。禅の庭の創作活動を行い、国内外から高い評価を得る。芸術選奨文部大臣新人賞を庭園デザイナーとして初受賞。ドイツ連邦共和国功労勲章功労十字小綬章を受章。2006年『ニューズウィーク』日本版「世界が尊敬する日本人100人」に選出される。おもな作品に、カナダ大使館東京、セルリアンタワー東急ホテル日本庭園など。おもな著書に『禅―シンプル発想術』『心がやすらぐお別れの心得』（廣済堂出版）など多数ある。

人生《じんせい》でいちばん大切《たいせつ》なこと
死《し》ぬとき後悔《こうかい》しないために

2016年 8月 1日　第1版第1刷
2018年 5月20日　第1版第3刷

著　者　枡野俊明《ますのしゅんみょう》

発行者　後藤高志

発行所　株式会社 廣済堂出版
〒101-0052
東京都千代田区神田小川町2-3-13 M&Cビル7F
電話　03-6703-0964(編集)
　　　03-6703-0962(販売)
Fax　03-6703-0963(販売)
振替　00180-0-164137
URL　http://www.kosaido-pub.co.jp

印刷・製本　株式会社 廣済堂

装幀　岡　孝治+椋本完二郎
編集協力　網中裕之
編集担当　真野はるみ(廣済堂出版)
DTP　株式会社三協美術

ISBN 978-4-331-52043-7 C0095